치열하게 살아가며 놓치고 있는
우리의 소중한 것들에 대한 이야기이다.

무엇을 위해서인지도 모르고
아등바등 살다가
어느새 자기 자신을 잃어버린
이 시대 모든 사람들을 응원한다.

성공이
전부인 줄 알았다

이 도서의 국립중앙도서관 출판예정도서목록(CIP)은
서지정보유통지원시스템 홈페이지(http://seoji.nl.go.kr)와
국가자료공동목록시스템(http://www.nl.go.kr/kolisnet)에서
이용하실 수 있습니다.(CIP제어번호: CIP2017024258)

성공이
전부인 줄 알았다

도서
출판 프리뷰

처음부터 심각할
필요는 없다

수영을 시작했다.

나이 마흔아홉에 운동을 배우는 건 난생 처음이다. 고백하건데 나는 운동이 너무 싫다. 대체 왜 공을 따라다니며 헉헉대며 뛰는 걸까? 왜 죽을 것 같은 고통이라고 하소연하며 두 시간을 넘게 악착같이 달리냐는 말이다. 가장 압권은 헬스클럽에서 무거운 걸 들었다 놨다 하든지 제자리에서 한 시간 넘게 뛰는 것이다. 경악할만한 이질감이다.

그런 내가 수영을 시작한 것은 세월에 따라 몸이 급격히 약해지는 현상을 뼛속깊이 느꼈기 때문이다. 진짜 뼈가 아프다. 무릎 뼈가. 지인들에게 하소연이라도 할라치면 나이 때문이란다. 뒷말은 다들 똑같다. 그러기에 진즉 운동을 하라니까. 그게 다 몸에 대한 보험이고 투자이며… 듣기 좋은 꽃노래도 한 두 번이라는데, 듣기 싫은 잔소리를 내가 뭐 크게 잘못한 양 매번 듣자니 이 또한 고역이다.

힘을 빼야 물에 뜬다. 그래야 힘들지 않다.
빨리 가겠다는 생각도, 멋지게 보여야 한다는 욕심도 없이
그저 한 단계씩 차근차근 가다 보면 언젠가는
돌고래가 되어 있을지 모른다.

그래서 영양제나 보약을 먹는 것보다 딱 오만 배라는 운동의 효과를 믿어보기로 한다. 등 떠밀리듯 수영을 배우기 시작했다. 그것도 매일 강습반이다. 일단 시작하면 제대로 하든지 안하든지 둘 중 하나라는 객기를 여기서조차 부렸다. 매일 하지 뭐. 뜸벙뜸벙 하면 그게 운동이 되나? 할 수 있을 때 바짝 해야… 후회하는 데는 채 하루도 걸리지 않았다. 대충 할 걸, 남자들이 군대 가면 이런 기분일까. 수영장 물도 짜다는 걸 처음 알았다.

생초보인 나는 음파음파 물속에 들어갔다 나왔다부터 시작한다. 그 다음엔 물에 뜨기. 사람이 물에 뜬다는 걸 내 몸으로 증명해 보다니. 놀랍군. 이어지는 고난의 행군은 킥보드를 의지해 어쨌든 발차기로 레인 저쪽까지 갔다 와야 하는 일이다. 수없이 물을 먹고 머리를 더 집어넣어라 어깨를 내리라는 강사의 지적에 거의 혼이 나갈 지경이었다.

그렇게 하루하루 나 혼자 지옥훈련이라 이름 지은 수영이 점차 호기심과 친밀감까지 느끼게 하는 존재가 되어가고 있다. 게다가 수영을 배우는 과정이 살아가는 인생과 참 많이 닮았다는 사실을 최근 깨닫는다. 고급반에서 거의 선수 아닐까 싶게 수영을 하는 그들은 참 근사하다. 나는 초급반이니 저기까지 가기에는 대체 얼마가 걸릴지… 그러나 쉬지 않는다면 반드시 저 레인에서 저런 폼으로 수영을 할 수 있겠지. 지금이야 물에 떠 있는 건지 앞으로 나가는 건지 구분조차 안 되는 상황이지만 이 과정을 생략하는 건 불가능하다는 사실을 이미 잘 알고 있지 않은가 말이다.

처음에는 온몸이 아팠다. 물에 잘 뜨지도 않고 특히 발이 자꾸 가라앉는다. 온몸에 힘을 줘서 그렇단다. 일부러 힘주는 게 아닌데, 분명히 힘을 뺐다고 생각했는데도 그게 생각뿐이지, 사실 힘을 바짝 주고 있으니 몸은 몸대로 아프고 앞으로 나아갈 수도 없다. 그러다 어느 순간 저절로 힘이 빠지기 시작했다. 뭘 잘하겠다는 생각도 없이 너무 힘들어 물에 그냥 떠 있었더니 오히려 더 쉽게 앞으로 나아간다. 별로 힘들지도 않다. 이거네!

20년 넘는 직장생활을 온몸에 힘을 꽉 준 채 해냈던 건 아닌가 싶다. 뭐든지 참 잘하고 싶었다. 남들보다 속도를 냈다. 그게 나다운 거라 생각했다. 두 군데 기업에 오랜 기간 근무하면서 '여성 최초' 아니면 최소한 '여성으로는 아주 드문'이라는 타이틀이라도 붙여야 직성이 풀렸다. 첫 아이를 낳을 때, 근무 중 산통이 시작되는 기색을 느끼고 일일이 팀원들을 불러 업무 인수인계 내용을 다시 확인한 후 병원에 가서 애기를 낳았다. 지금 생각하면 내 인생에 스스로 왜 그렇게까지 무례했을까 싶지만 그때까지만 해도 그게 아주 당연하고 잘하는 일이라 생각하던 시절이었다. 매사에 그렇게 살았다. 아주 잘 산다고 확신하며.

수영으로 따지자면 나는 초급 과정에 있으면서 중급으로 어떻게 최대한 빨리 가느냐에 안달복달하며 지냈다. 어떻게 과정을 효과적으로 생략하며 줄여볼까 하는 데 골몰했다. 이제 막 물에 뜨면서 돌고래처럼 물살을 가르는 다른 이들을 보며 부러웠다. 처음에는 물도 먹고, 가라앉을까 힘주다 몸살도 걸리고, 힘들면 잠시 서서 쉬기도 해야 하는 걸 모르는 채 지냈다.

그 덕분이었을까. 남들보다 비교적 빨리 효과적으로 성공하고 기업의 임원이 되었다. 질주하던 존재는 사고가 나면 대형이다. 과정을 너무 생략하고 힘을 빼지 않은 까닭이다. 어느 날 마른하늘에 날벼락이 나에게 떨어졌다. 사랑하는 아들이 아프면서 나의 인생에 급브레이크가 걸렸다. 자진한 일은 아니었으나 인생의 하프타임은 그렇게 시작되었다. 전력으로 달리던 그 길에서 비켜섰다. 콩나물 꼬리 하나 다듬어 보지 않았던 내가 어설픈 전업주부 흉내를 내며 된장찌개를 끓이고, 아이가 깜박 잊고 놔두고 간 체육복을 들고 뛰고, 음식쓰레기를 효과적으로 줄이기에 골몰했다. 20년 동안 일만 하느라 소홀했던 가족들을 돌보고, 아들의 치유를 온몸으로 기도하며, 또한 그동안 채찍질만 했던 나 자신을 사랑하기에 꼬박 500일을 보냈다.

평소에는 무심히 스친 소소한 일상에 감사하고 작은 인연들에 귀함을 느끼고 인생에 대해 하나씩 깨달아가는 건 이제야 나라는 존재의 힘을 빼고 자연스러워졌기 때문 아닐까. 급브레이크를 걸어 준 나의 아이가 완전히 치유된 지금, 나는 인생이 너무 아름답다고 외치고 싶다. 그리고 이제 내 인생의 2막을 다시 시작한다.

이 책을 세상에 내보내기에는 엄청난 용기가 필요했다. 나의 치열한 직장생활과 슈퍼맘을 자처한 세월들을 사람들에게 얘기하며 이렇게 살라고 할 수도 없고, 그렇다고 이렇게 살면 안 된다고 하기도 어정쩡했다. 그러나 그런 쓸데없는 걱정도 안하기로 한다. 그저 그 젊은 날은 그대로 열심히 살았고, 예기치 않았던 인생의 폭풍 앞에서는 울며불며 엎드려 있지 않고 씩씩하게 헤쳐 나온 내가 있을 뿐이다.

젊은 날이나 그 이후나 일관되게 나의 관심은 나답게 살기 위한 노력이었다. 그러기 위해서는 때마다 다른 용기가 필요했다. 그리고 앞으로는 더욱 겸손하고 노련하게 나다운 인생을 새롭게 설계해 보고자 하는 설렘이 이 책의 여기저기 숨어 있다. 내 인생의 전반전이 책을 읽는 그 누군가에게 작게나마 힘이 되고, 용기가 되고, 희망이 된다면 그 또한 내게는 영광스러운 일이 될 것임을 고백한다.

힘을 빼야 물에 뜬다. 그래야 힘들지 않다. 빨리 가겠다는 생각도, 멋지게 보여야 한다는 욕심도 없이 그저 한 단계씩 차근차근 가다 보면 언젠가는 돌고래가 되어 있을지 모른다. 그러니 미리부터 고개 빼고 저쪽 레인을 자꾸 쳐다볼 일이 아니다. 지금은 짠물을 먹어도, 폼이 엉망이라도 그 단계에 집중하고 성실해야 최선이다. 이왕이면 힘들다고 생각되는 그 과정조차 즐기면 수지맞는 장사이다.

오늘도 직장이라는 격랑 속에 분투하고 있는 샐러리맨들과 슈퍼맘들에게 가장 나답게 살기 위한 용기를 낼 것을 뜨겁게 응원하며.

유세미

PART 1

가끔은 욕심 내려놓기

PART 2

성공이
전부인 줄 알았다

PART 3

시련은
인생의 위대한 스승이다

PART 5

가장 좋은 시절은
아직 시작되지 않았다

가끔은
욕심 내려놓기

> 오만방자하게 살던 내 인생에 하루아침에 브레이크가 걸리고,
> 이후 폭풍 같은 고난은 내게 인생을 다시 가르쳤다.

아픈 아들이 내 스승입니다

처음에는 천식이라고 했다. 민혁이가 학교에서 갑자기 숨을 쉴 수가 없다며 조퇴한 날, 동네병원 내과에서 내린 진단이었다. 약을 처방받고 집에 와서 쉬면 괜찮아지려니 했다. 하지만 여느 때처럼 바쁜 업무 때문에 아들의 조퇴 소식을 건성으로 들어 넘긴 것이 사실이다.

아이가 고등학교 2학년 2학기를 막 시작하던 때였다. 학교에서 중요한 시기라고 분위기를 몰아가니 긴장해서 그렇겠거니 했다. 그때까지만 해도 뒤이어 내 인생을 덮칠 거대한 파도가 몰려오고 있다고

는 상상도 할 수 없었다.

"민혁이 담임입니다. 학교에서 아이가 쓰러져서 지금 앰뷸런스로 이송 중입니다. 병원으로 오세요."

청천벽력같이 앰뷸런스라니. 어디가 얼마나 다쳤는지 자세한 얘기도 없이 선생님의 당황한 목소리는 끊겼다. 회의를 중단하고 분당 서울대병원으로 내달렸다. 팔다리가 후들거려 도저히 운전을 못하겠다. 팀 직원이 대신 차를 몰았다. 응급실은 대낮부터 북새통이다. 허둥지둥 눈으로 아이를 찾으니 산소마스크를 한 채 응급실 한쪽 구석에 누워 있다.

"수업시간에 갑자기 쓰러져서 호흡곤란이 왔어요. 앰뷸런스 이송 중에도 숨을 제대로 못 쉽니다."

아들은 양말만 신은 채 실려 왔다. 옆에 있는 친구는 자신이 무슨 잘못이라도 저지른 양 풀죽어 아들 운동화를 들고 서 있다. 의식은 돌아왔는지 민혁이가 나를 돌아다본다. 이게 대체 무슨 일이지… 그 와중에도 어디를 크게 다쳐서 온 게 아니라는 생각에 나는 안도하고 있었다. 천식이 심해서 호흡곤란인가? 뭐가 뭔지 알 수 없었다.

다음날 아들은 학교에 도저히 못 가겠다고 했다. 숨쉬기가 거북하고 힘들다고 했다. 일단 좀 쉬라고 말하고 출근하면서 뭔가 심상치 않음을 직감했지만 애써 불안한 마음을 떨쳤다. 아니나 다를까 이번엔 집에서 쉬던 아이가 갑자기 발작을 일으켰다. 호흡이 곤란한 것은 물론이고 심한 경련을 동반한 것이다. 누가 보면 간질이라고 할 만한 발작은 30분 이상 계속되었고, 아이는 마치 죽을 것처럼 눈을 뒤집고 괴로워했다.

119를 부르고 병원으로 이송하고 검사는 시작되었다. 발작이 심해지자 뇌 신경계부터 시작한 체크는 며칠이 계속되었다. MRI^{자기공명영상진단}를 비롯해 온갖 검사란 검사는 다했다. 한 가지 검사가 끝나고 결과가 나올 때마다 '이상 없음' 소견. 다행이긴 한데 그럼 도대체 뭐란 말인가?

검사를 위한 입원과 퇴원을 포함해 일주일 이상 병명 미상으로 병원을 들락거렸다. 그 사이에도 아들은 하루 몇 번씩 발작을 일으켜 내 심장을 졸아붙게 만들었다. 24시간 뇌파검사는 1인 병실에서 거의 온몸에 모니터를 주렁주렁 달고 진행한다. 최후로 진행한 이 검사의 목적은 아이의 발작이 진짜가 아니라 페이크^{fake}인지, 뇌 쪽의 문제인지를 밝히는 것이다. 아들은 온몸에 모니터용 검사기를 달고 신기한지 셀카를 찍어 페이스북에 올리고 있다. 재미있냐? 넌. 난 이렇게 애간장이 타는데….

결과는 공황장애. 난 이때까지 그런 병명은 들어본 일도 없었다. 가수 김장훈이 겪는다는 그거? 연예인병? 근데 내 아들이 왜? 어처구니가 없었다. 그것도 공황장애 환자 중 상위 1% 안에 들만큼 심한 상태란다. 그러니까 뜬금없이 왜 그런 병에 내 아들이 걸리느냔 말이다. 증상이 워낙 심하니 병원에 일주일 정도 입원하라고 했다. 퇴원해서는 심리치료가 병행되어야 한다. 내 생애에 정신과를 와 보다니. 기가 찼다. 최근에는 정신과라는 어감이 좋지 않아서인지 정신건강의학과

라는 이름으로 바뀌었다. 그렇다고 뭐가 달라지나. 일단 마음이 놓이긴 했다. 발작을 하더라도 병원 안이라 위험하지는 않을 테니.

공황장애는 쉽게 말해 몸에 울리는 잘못된 경보이다. 환자에 따라 질식할 것 같은 공포, 과호흡過呼吸, 맥박이 빨리 뛰고, 오한, 어지러움과 구토 증세를 동반할 수 있다. 미칠 것 같은 불안감과 환청, 자살충동, 자기비하, 목을 밧줄로 조르는 것 같은 답답함을 느끼는 사람도 있다. 공황발작이 언제 재발할지 항상 불안하기 때문에 외출을 할 수도 없고 광장공포증도 온다. 처음에는 발작 자체가 무섭지만 다시 발작이 일어날까 긴장하는 예기豫期불안 때문에 일상생활이 어려운 것이 이 병의 무서움이라고 한다.

내 아들의 경우 이런 모든 증상을 남김없이 동시다발적으로 겪게 되었다. 병명을 알고 나서 아들이 받은 쇼크가 가장 컸다. 한창 공부해야 할 시점에 병원 신세라니. 스스로 어이없었을 것이다. 일주일 만에 퇴원하고도 상황은 나아지지 않았다. 병명만 확인했다는 것뿐이지, 이제부터 원인을 밝히고 치료를 병행하는 지루한 싸움이 기다리고 있었다.

아들은 퇴원 이후 집에서 한발자국 나갈 수 없는 상태였다. 학교를 갈 수도, 집 앞 편의점에 나갈 수조차 없었다. 일단 병원 통원치료와 심리치료를 병행하기로 계획을 세우면서도 나는 공황장애에 대해 그때까지도 제대로 이해하지 못하고 있었다.

"일단 발병하면 기본 일 년은 앓고요, 보통 삼 년 정도 걸려요. 어릴수록 더 심하죠. 꾸준히 치료하며 기다리는 수밖에요."

심리치료사의 이야기에 한 번 더 충격을 받았다. 그때만 해도 한 달 정도면 낫겠거니, 일주일 병원치료면 되겠거니 막연하게 예상했다. 일 년? 삼 년? 내 아들이 지금 수험생이거든요?

"이 병은 무엇보다 가족들이나 보호자의 이해가 절대 필요해요. 증세가 업 다운은 있지만 장기간 지속되니 가족들을 굉장히 지치게 하는 병입니다."

뭐든 일이 터지면 자료부터 찾는 습관에 발동이 걸렸다. 그때부터 밤새도록 공황장애라는 병에 대한 자료를 뒤졌다. 환자가 이렇게 많다니. 대한민국에 공황장애 환자가 2015년을 기준으로 10만 명이 훨씬 넘는다. 공식적인 통계가 이러니 수치에 잡히지 않은 환자들까지 하면 매년 급속도로 늘어나는 병이라고 봐야 옳다. 실제 동네마다 청소년을 위한 심리치료센터가 들어서 있는 걸 보면 이런 심각한 추세가 증명된다. 청소년 우울증, 불안, 강박, 공황장애로 센터를 찾는 아이들과 부모들은 점점 더 늘어날 것이다.

그래도 3개월 아니, 많이 양보해서 6개월이면 될 줄 알았다. 도대체 원인이 뭘까? 심리치료가 시작되고 나 역시 심문당하는 것처럼 병원에서 장시간 의사의 질문에 대답해야 했다. 아이의 성장과정 중의 문제점, 직장생활로 인한 엄마의 부재 등. 나는 자신 있었다. 나는 성실하게 살았으니 아이에게 모범이 되는 엄마였다. 직장생활을 하느라 직접 아이들을 양육하지는 못했으나 전직 초등학교 교사 부부인 부모님이 누구보다 완벽하게 아이들을 키워주셨다. 그 정성에 부응하듯 아들은 초등학교 때부터 지금까지 온갖 대회의 수상 경력은 물론, 성적 우수자로 모범학생의 샘플과도 같은 학창시절을 보내고 있다.

아들 때문에 속 썩어 본 적이 그동안 거의 없었다. 학년이 바뀔 때마다 담임선생님들의 아들 사랑은 유난했다. 더할 수 없이 스마트하고 착한 아들. 그러나 그 아들의 심리치료 상담결과는 나를 충격에 빠뜨리기에 충분했다.

'우리 엄마가 회사에서 임원 하려는 데 미쳐서 나를 그냥 방치했어요.' 아주 시니컬하게 웃으며 내 아들이 직접 한 얘기라고 결과지에 적혀 있는 것을 읽으면서도 나는 믿을 수 없었다. 민혁이가? 확실해요? 얘는 '미쳐서' 같은 단어는 쓰지 않는데요?

"그건 부모님 착각입니다. 환자는 엄마에 대해 적대감이 있어요. 제대로 돌봄을 받지 못했다고 느끼는 거죠. 아마 오래 전부터였을 겁니다."

"그런 불만은 들어본 적이 없는데… 아주 착하거든요. 조부모님이 남 부럽지 않게 키우고 계시고…" 나는 점점 더 기어들어가는 목소리로 어떻게든 변명이라도 해 봐야 했다.

"그럼 아예 지들이 밥해먹고 다니는 애들은 다 공황장애 걸리겠네요. 얘는 누구보다 철저하게 케어하며 키웠다니까요."

"다른 애들이랑 비교하지 마세요. 걔들은 걔들이고 얘는 얘입니다. 다 다르거든요. 결과가 그렇다는 것을 충분히 인지하셔야 회복할 방법이 나옵니다."

엄마를 사랑하고 자랑스럽게 여기고 있을 거라 믿었던 내 아들은 무의식적으로 내게 적대감과 혼자 방치되었다는 외로움이 마음속으로 병이 되고 있었단다. 그 깊은 병 속으로 도피해 버린 아들과의 전쟁은 그렇게 시작되었다. 결국 오만방자하게 살던 내 인생에 하루아침에 브레이크가 걸린 셈이다. 이후 폭풍 같이 몰아닥친 고난은 내게 인생을 다시 가르쳤다. 결국 아픈 아들이 내 스승이 되어 버렸다고 해야 할까. 🌿

> 20년 넘게 견고히 나의 울타리가 되어 준 회사와
> 하루아침에 결별했다. 그동안 목숨처럼 아끼고 사랑했던
> 내 인생의 많은 부분이 뭉텅 도려내진 느낌이었다.

회사와 이혼하다

서류 박스 두 개. 짐을 정리해 놓으니 20년 넘는 내 직장생활이 달랑 박스 두 개로 정리가 된다. 직원들에게 짐 정리하는 꼴 보이기 싫어서 이른 새벽 사무실에 나왔더니 이제야 뿌옇게 해가 뜨기 시작한다. 내 평생을 바쳤던 직장생활의 마지막 날이다.

이렇게 갑작스럽게 회사를 그만두리라고는 전혀 예상 못했다. 브레이크 없는 질주로 감히 회사 대표까지 꿈꾸던 때가 있었다. 그게 최종 목표였다. 일반사원으로 시작해 회사 CEO가 되는 것. 샐러리맨이

면 누구나 한번쯤 꿈꾸는 일 아닐까. 그러나 인생은 한 치 앞을 알 수 없다는 말을 이제 실감한다.

나는 박스를 치우고 책상 앞에 앉아 컴퓨터를 켰다. 인수인계할 파일을 모두 정리해놓고 나머지를 삭제한다. Delete. 소중하게 쌓아온 내 회사 인생을 하나씩 삭제해 나가는 것이다. 하나 둘씩 출근하는 직원들이 내 이른 출근에 깜짝 놀라며 인사한다. 내가 이런 마음으로 직원들의 인사를 받은 적이 있던가. 직원 한 명마다 눈 마주치고 웃어주고 오늘 예쁘네, 감기는 어떻게 좀 괜찮냐… 진즉 할 걸. 정성스럽게 마음을 다해서 말이다. 그러나 후회하기에 이미 늦었다. 나의 직장생활은 이렇게 아쉽게 막을 내리고 있다.

그날은 상담이 유난히 길어지고 있었다. 가슴이 너무 답답해 의사에게 따지듯 물었다.

"왜 아직도 아픈 겁니까? 언제까지 아파야 하는 건가요? 다른 환자들도 이렇게 오래 걸립니까?"

나를 빤히 바라보던 닥터가 한 마디 했다.

"어머니는 왜 직장을 계속 다니시나요? 환자 증세가 점점 악화되는데 너무 혼자 내버려 두는 것 아닙니까? 환경이 달라지지 않는데 좋아지겠어요? 환자는 많이 아파요. 혼자 힘든 싸움을 계속하고 있는 겁니다."

결국 아픈 애를 혼자 놔두고 밤늦게 겨우 들여다보고, 출장이다 뭐다 해서 자주 집까지 비운 나는 말문이 막혔다. 그의 지적이 틀린 데가 없었다. 사실 주말도 없고 밤낮도 없이 바쁜 직장이지만 일을 포기하는 것만큼은 어떻게 하든 피해 보려 했다. 응급실에서 또는 병실에서 밤을 꼬박 새우고 옷도 못 갈아입은 채 바로 출근하기를 밥 먹듯 했다. 그래도 회사를 그만둔다는 생각은 없었다. 그런 나에게 닥터는 나를 이해할 수 없다고 화살을 날렸다. 엄마로서 무책임하게 굴지 말라는 엄포이기도 했다.

"너무 대가가 크잖아. 얼마나 고생하며 쌓아온 경력인데…그런다고 갑자기 좋아지는 병도 아니고, 다시 생각해 봐."

이미 마음이 상할 대로 상한 나는 친구의 우정 어린 걱정도 삐딱하게 들렸다.

"네 자식이면 그런 한가한 소리가 나오겠냐."

"내가 당신 남편이었으면 당장 이혼이야. 어떻게 그런 고통 속에 있는 애를 집에 두고 나와 일이 되냐? 당신 직업이 뭐 그리 대단한데? 대통령이야? 나라를 구해? 지금은 무조건 아이 옆에 있어야 하는 거 아냐?"

대학 때 닥친 공황장애로 어려운 청년시절을 보낸 내 지인은 아예 거품을 문다. 본인이 그 병을 잘 알기에 그렇게 말할 수 있는 거다.

의사의 점잖은 비난에 쇼크 받고 정말 사직을 해야 하나 본격적으로 생각했다. 그러기에는 아쉬움이 너무 크다. 나는 그때 임원 3년차였다. 회사가 좋고 내 일이 좋았다. 사업부 성격상 쉬지 않고 프로젝트가 진행되고 있었고, 내년, 3년 후, 5년 후의 청사진에 가슴이 두근거렸다. 더군다나 새로운 쇼핑몰에 획기적인 테마의 식당가를 만들고, 커피 브랜드를 새로 론칭하는 등 일정에 밀려 어쨌든 미친 듯이 일을 하지 않으면 안 되는 상황이었다. 아이의 상태는 더욱 악화되고, 정신없이 바쁜 와중에 나까지 시커멓게 멍들어가고 있음을 그때까지만 해도 몰랐다.

일이 바빠질수록 신경이 곤두섰다. 짜증이 늘고, 예상치 못한 사고가 여기저기서 터졌다. 오픈을 얼마 앞둔 어느 날 밤늦게 현장에서 퇴근하던 중 전화가 걸려왔다. 공사 현장 타일이 떨어졌단다. 차를 바로 돌렸다. 현장에서 확인하고 관련 임원 모두에게 전화를 돌렸다. 밤 11시에! 소리소리 질러가며 컴플레인을 하고 있는데 선배 임원 한 분이 공사 현장 근처에 있다가 나에게로 왔다. 핏발선 눈, 헝클어진 머리, 불안한 내 얼굴을 한참 들여다보더니 딱 한마디 한다.

'유세미 같지 않다.'

그때 처음으로 멈춰야겠구나 깨달았다. 병원에서 출퇴근한 지 일주일 되던 날이었다. 아들의 우울증이 극에 달할 무렵 나의 불안도 극을 치닫고 있었다. 아들은 시도 때도 없이 자해소동을 벌였다. 본인도 모르는 사이에 그렇게 된다고 했다. 매일 일하면서, 운전하면서, 회의를 주재하면서도 내 아들이 어딘가에서 뛰어내려 죽을까 봐 애가 탔다. 웃으며 직원들과 얘기하면서도 아들 때문에 늘 내 가슴은 비명 지르며 쇳소리를 내고 있었다. 집에 있을 때면 혹시 밤중에 뛰쳐나갈까봐 아들 침대 옆에 웅크리고 잠을 잤다. 아이가 뒤척이는 기색에 하룻밤에도 열두 번 씩 벌떡 일어나 아들이 자고 있음을 확인하곤 했다.

그래 이제 그만하자. 거의 미쳐서 널뛰듯 회사와 병원을 오가다 나 자신을 잃어버렸다. 내가 빈껍데기만 남은 것 같다. 어리석었다. 양손에 일을 쥐고 놓지 못한 채 아들을 안타깝게 바라보고만 있는 형국이라니. 이렇게 미련한 엄마가 또 어디에 있을까. 그저 시간을 참고 견디면 어느 날 아무 일도 없었다는 듯이 아들이 자리에서 툭 털고 일어나길 바랐다. 그리고 천하일품인 그의 미소를 나에게 다시 보여주길 기대했다. 그래서 될 일이 아닌 줄 뻔히 알면서 말이다.

　그렇게 사직서를 썼다. 일단 결심하고 나니 왜 그토록 망설였나 싶게 마음이 착 가라앉았다. 더 이상 미련도 남지 않았다. 나는 늘 시기와 질투를 몰고 다녔다. 일단 여자이고, 어린 나이에 승승장구하여 임원까지 되고, 늘 시끄럽게 일하는 나에게는 알게 모르게 적들이 많았다. 그렇게 이야기들 하겠지. 일에 미쳐 가정을 내팽개치니 저렇게 되었다고, 여자는 뭐니 뭐니 해도 애들 잘 키우는 게 최고지 회사에서 승진이 무슨 소용이냐고, 그렇게 잘난 척 하더니 저 꼴 좀 보라고…귓전에 쉬지 않고 들리는 듯했다. 그러나 게임은 끝났다. 더 이상 어떤 후회도 자책감도 필요 없었다. 지금은 아들뿐이다.

　나를 수식하는 말이 사라지면 내 존재까지도 없어지는 게 아닐까. 나는 20년이 넘게 견고히 나의 울타리가 되어 준 회사와 하루아침에 결별했다. 나는 더 이상 어떤 백화점의 임원도, 어떤 사업부의 책임자도 아니다. 그동안 목숨처럼 아끼고 사랑했던 내 인생의 많은 부분이 뭉텅 도려내진 느낌이었다. 어디를 가도 나를 설명하는 말은 누구 엄마가 아닌 어느 회사의 누구라는 명함이었음을 절감한다.

나는 지금 20년 넘게 사랑하는 연인 이상이었던 회사와 이혼했다. 그리고 다음날 아들을 데리고 다시 병원으로 들어왔다. 마치 전쟁이 끝난 느낌이다. 이제 아들도 쉬고 나도 좀 쉬자. 하루 종일 아들 침상 옆 보조 침대에 누웠다 앉았다 했다. 책을 끼고 읽다가 어슬렁거리며 복도를 걸어 다닌다. 이렇게 한가할 수가 없다. 끼니때마다 복도에 식사 카트 소리가 드르륵 나면 제일 먼저 나가서 밥을 받아왔다. 아무 생각 없이 하루 세 끼 밥만 먹는다. 그리고 책을 몇 페이지 읽고 멍하니 앉아 있었다. 비현실적이다, 내가 이렇게 지내는 건. 때때로 눈물이 났다.

　사랑의 매는 때리는 쪽이 훨씬 더 아프다. 나는 지금 매를 맞고 있는 중인가 보다. 하느님이 더 아프시겠구나. 🐾

나의 치부나 상처에 대해 남의 얘기하듯 담담하게
말할 수 있게 되기까지의 시간은 생각보다 많이 필요하다.
상처에 난 피가 굳고 딱지 앉아 저절로 떨어지려면
시간이 걸리는 것과 마찬가지이다.

리허설 없는 위기

보면서도 믿기지 않는 광경이었다. 몇 년 전 매스컴에서 일본에 쓰나미가 도로와 가옥을 순식간에 덮치면서 모든 걸 폐허로 만드는 장면을 수없이 반복해서 방영한 적이 있다. 저렇게 되리라 누가 상상이나 했을까. 일본은 지진에 대비한 훈련이 잘되어 있는 나라라고 했다. 그러나 저렇게 쓰나미가 덮치면 미리 훈련이고 뭐고 다 소용없는 것 아닌가.

인생의 위기는 늘 사전 예고 없이 달려든다. 사실 미리 경고하고 닥치는 위기가 있기는 한 건가. 전쟁 날까 무서워 라면이랑 생수를 사재기 하는 시절도 지났다. 미리 무엇을 준비할 수 있나? 소용 있나? 나는 내가 이런 위기 속에 빠질 줄 상상도 못했다. 전혀 예상 밖의 일이다. 그러니 무작정 당할 수밖에 없다.

"아드님의 우울지수가 상당히 높아요. 자살충동도 여러 번 경험한 걸로 나왔는데 알고 계셨어요?"

아들이 고등학교 1학년 때 부모 상담 시간이었다. 담임선생님의 설명을 나는 이해할 수 없었다. 우울지수가 높다니. 얼마나 명랑한 아이인데요. 사춘기려니 하고 내가 건성으로 지나친 게 화근이었다. 그때부터라도 치료를 했으면 이렇게까지 일이 악화되지는 않았을 텐데, 후회해 봐야 소용없었다.

민혁이는 발병한 이후 몇 번의 입퇴원을 반복하고 학교에 가지 못했다. 우울증은 심해져 가고 환청이 들린다고 했다. 귀에다 대고 누군가 '넌 쓰레기야.' '넌 죽어 마땅해.' '넌 벌레만도 못해.' '왜 사니.'라고 떠든다고 했다. 귀를 양손으로 막고 소리 지르며 괴로워했다. 죽겠다고 건물 옥상에 올라가고, 수면제를 모았다. 인터넷으로 자살 사이트를 찾아다니고, SNS 프로필은 자살을 암시하는 글들이 스타일도 다양하게 매일 바뀌었다. 하루아침에 믿을 수 없는 상황이 현실이 된 셈이었다.

민혁이의 갑작스런 발병은 내 지인들에게 커다란 화제였다. 사실 그렇게 떠들썩하게 걱정해 주는 것도 못마땅했다. 마음이 무너져 내린 나는 누가 한마디만 해도 사생결단 시비가 붙을 판국이었다. 내 속이 속이 아니었다. 그러던 중 친구가 유명하다는 의사를 소개했다.

"대한민국 넘버 투야. 진짜 실력 있대."

"넘버원은? 누군데?"

"죽었어."

"이 판국에 농담이 나오냐?"

한번 째려봐 주고 나는 삼성동에 있다는 넘버 투에게 갔다. 처음 이 병원을 들어서는 날 민혁이는 제대로 걷지도 못했다. 대기실에 앉아 있을 수 없어 별도 상담실 침대에 누워 있어야만 했다. 환자는 생각보다 많았다. 젊은 20대 남녀가 대부분이고 중장년도 만만치 않다. 그래도 내 아들보다는 다들 멀쩡해 보여 부러웠다. 모두들 제 발로 걸어 병원에 온 환자들이다. 오죽하면 그것만으로도 대단해 보였다.

같은 교회 다니는 집사님의 아들도 심한 우울증이다. 그 아들은 공황장애 때문에 명문 외고를 자퇴하고 12년째 투병중이다. 시시때때로 집안에서 모든 유리창을 박살내고 소리를 지른다고 한다. 경찰이 출동하고 그 엄마는 이미 중년이 되어가는 아들에게 울며불며 매달리고 애원한다. 그래서 이제는 그 엄마까지 우울증이다. 집안이 결딴난 게다.

그 집안 얘기를 들을 때마다 나는 공포에 휩싸였다. 우리가 느끼는 두려움, 염려 따위는 실제 일어날 확률이 극히 낮은 것이라고 누구나 얘기한다. 그런데 나는 그 확률 1% 자체가 두렵단 말이다. 내 아들의 병이 저 아이처럼 10년을 넘게 계속된다면, 아니면 지금처럼 우울증에 못 견뎌 약을 먹거나, 건물에서 뛰어내리면 그때 난 어떻게 해야 하나…같이 죽나? 아니면 미쳐서 살아가나? 애한테 문제가 생기면 엄마는 논리도 이성도 없는 존재가 된다.

나는 자기 연민이라는 무서운 덫에 걸렸다. 의사는 엄마 탓이 아니라고 했다. 그러나 위로되지 않는다. 아이들마다 다 다르다고 한다. 그런데 하필 왜 내 아이냔 말이다. 이 고난은 내가 자초한 것이 아니다. 그렇게 믿고 싶었다. 그러나 어쩔 수 없으니 이제 감내할 수밖에 없지 않은가. 있는 그대로 받아들이자. 숨길 일도 아니다. 당당하게 이겨내면 된다.

누군가 일생에는 행복의 양이 정해져 있다고 말한다. 행복이 정해져 있다면 불행 또한 그 총량이 정해져 있는 것은 아닐까? 불행하다 생각할 만큼 아프고 고통스러운 시간들을 젊은 시절 한 번에 겪는 사람들이 있다. 그런가 하면 조금 조금씩 전 생애에 걸쳐 나눠 겪는 사람도 있을 것이다. 어쨌든 일생 겪어야 할 분량은 정해져 있으니, 여기서부터 저기까지 일시불로 한방에 갚아 버리면 이후에는 행복하리라는 희망만 남는 것 아닌가.

내게 한꺼번에 몰아닥친 고통에 혼란스러워하면서도 나는 내 인생이 일시불로 불행을 결재했나 보다 라고 생각했다. 이 고비만 넘기면 된다. 다 갚고 나면 앞으로는 행복할 일만 남는다고 생각하기로 했다. 너무 아플 때면 진통제를 맞듯 이런 생각을 하면 왠지 마음이 놓였다. 한밤중에 병실에서 일어나 앉아 나에게 펼쳐진 낯선 상황에 깜짝 놀랄 때 '이젠 다 같아간다. 조금만 더.'라고 주문을 외웠다.

　인생은 한 번의 어려움 속에 한 뼘씩 자란다고 한다. 그래도 성장통치곤 너무 심하다고 느낄 때가 있다. 차라리 내게 병이 생겼더라면 이렇게까지 아프고 무섭지 않았을 것이다. 멀쩡하던 청년 아들이 시도 때도 없이 쓰러져 그 차갑고 더러운 길바닥을 나뒹구는 모습을 보노라면 나는 차라리 내가 연기처럼 이 세상에서 사라져 버렸으면 했다.

　내 인생이 마치 잡초 뽑히듯 뿌리 채 잡아 뜯겨 패대기쳐지고 있었다. 누군가에게 머리채를 휘어 잡혀 쌍욕을 먹으며 이리저리 휘둘리다가 바닥에 나뒹구는 느낌이 바로 이것일까? 아니면 누군가의 우악스러운 손이 내 목을 딱 잡아 전혀 숨쉴 수 없는 끔찍한 고통이 그저 계속되는 상황, 무력한 나는 숨도 내쉬지 못한 채 눈만 치뜨고 있는 느낌이었다.

　나의 치부나 상처에 대해 남의 얘기하듯 담담하게 말할 수 있게 되기까지의 시간은 생각보다 많이 필요하다. 상처가 피 흘리고 그 피가 굳어 딱지 앉아 저절로 떨어지려면 시간이 걸리는 것과 마찬가지이다. 빨리 낫고 싶어 성급히 딱지를 떼어내 봐야 다시 피가 흐를 뿐이다. 저절로 낫기까지 기다리기 위해서는 숨기고 싶은 것일수록 스스로 알아채고 인정하는 마음이 무엇보다 중요하다.

　인생을 시간대별로 죽 펴놓고 볼 때 싹둑 잘라내 버리고 싶은 대목이 있다. 아이들 어렸을 때 더 같이 있어줘야 했다. 나는 내 아이들 옆에 있는 것을 시간낭비로 여겼다. 집에 아이들과 함께 있으면 허송세월하는 것 같아 마음이 조급해졌다. 항상 마음은 회사에, 그리고 일에 가 있었다. 나는 그렇게 이기적인 엄마였다. 그 시절로 다시 돌아간다 면 아이들과 눈 맞추고 함께 있어 줄 수 있을 것 같았다. 그러면 내 아 들이 아프지 않을 수도 있었을 거라는 후회로 나는 가슴을 짓이기고 있었다.

자식은 연약한 존재다. 그래서 참아주고, 도와주고, 격려하고, 일으 켜 세우지 않으면 안 된다. 그중 으뜸은 한없이 기다려주는 일이다. 그래서 부모가 힘들다. 뒤늦게야 나는 엄마로서 어떻게 해야 하는지 생각하기 시작했다. 내 아들의 이 아픈 시절을 함께 이겨나가야 한다. 아무리 리허설 없이 들이닥친 위기상황이지만 지금도 하느님은 나를 돌보고 계신다는 생각 그 하나로 버틴 시절이었다. 🐾

나는 내 아이가 몇 반인지,
친한 친구 이름은 무엇인지도 잘 몰랐다.
'우리 애는 고기 좋아해.' 정도만 얘기할 줄 알았지
밥상머리에 앉아 아이에게 김치를 찢어준 일도 없었다는 것을
나중에야 알았다.

엄마로 산다는 것

세상의 엄마들이 일생 가장 많이 쓰는 말은? 정답은 '밥 먹어.'란다. 이 퀴즈를 들은 내 동생이 조카들에게 똑같은 질문을 했다. 고등학생인 조카들의 막힘없는 대답. '빨리 빨리.' 성격 급한 건 자매가 똑같은지라 동생도 만만치 않다. 더군다나 대한민국 대표 워킹 맘이니 애들이 듣는 소리는 '빨리 빨리 해!'가 압도적 1위. 부록으로는 '그러다 늦는다. 니들.'

이야기를 듣고 보니 원본의 질문과 대답이 너무 클래식하다. 요즘

아이들은 엄마의 '밥 먹어.' 소리를 예전처럼 많이 듣지 않는다. 초등학교 때부터 온갖 사교육의 포로가 되어 저녁은 대충 간식으로 때우는 청소년이 대다수이다. 저녁이면 온 식구가 도란도란 저녁 밥상을 맞이하는 가정이 지금 얼마나 되겠는가. 그러다 보니 엄마의 멘트는 예전처럼 일괄적이지 않다. 그 집의 캐릭터에 맞게 다양화 될 수밖에 없다.

생각해 보면 내 경우 엄마가 하는 멘트치고 너무 심플하지 않았나 싶다. 아이들과 함께할 시간이 절대 부족했고, 그러다 보니 대화도 한정적이었다. '밥 먹었어?' '시험은 언제야?' '감기는 나은 것 같아?' 정도랄까.

회사에 프로젝트가 걸려 눈이 뒤집히는 기간은 가족들 얼굴 볼 기회가 별로 없다. 교회에서 아들을 예배시간에 만났다. "아들 오랜만이야."라는 나의 멘트에 주변 사람들은 참 의아해하고, 아들은 자연스럽게 한쪽 손을 들어 화답한다. 엄마도 엄마 나름이다. 나쁜 엄마가 되고 싶은 사람은 없을지언정 나쁜 엄마는 많다.

아이가 병을 얻고 나서 갑자기 개과천선하여 좋은 엄마가 된다는 스토리는 드라마에나 있는 이야기다. 사람은 변하지 않는다. 내 경우 이제까지 나쁜 엄마 3단계를 두루 거쳤다.

1단계 일에만 빠져 아이들은 친정 부모님께 아예 맡겨놓는다. 머릿속 대부분은 회사 프로젝트와 연말고과, 승진으로 꽉 차 있다. 기저귀는 갈아본 일 없고, 아이들 목욕은 남편이 맡는다. 그리고 밖에 나가서는 '전 아이 안 키워 봤어요.'라고 양심 없이 지껄인다.

2단계 아이들이 중고등학교를 진학하며 드디어 수험전쟁에 뛰어들게 되자 되지도 않는 헬리콥터 맘, 극성 맘을 부분적으로 흉내 내기 시작한다. 일단 정보가 별로 없으니 돈으로 지르고 보자는 심정으로 내 힘으로 벅찬 과외교사를 들이댄다. 개같이 벌어 정승같이 쓴다는 속담은 이럴 때 쓰는 말이라고 스스로 위로하며 '유능한 엄마'라는 착각에 빠진다.

한밤중에 또는 새벽에 아이를 픽업하고 야참을 만든다. 내가 아이를 위해 한 유일한 요리는 심야 간식이다. 과외비를 많이 들였으니 더 열심히 일해야지, 돈 들인 보람이 있는지 아이 성적 확인해야지. 그러나 아이가 그 상황에서 얼마나 힘들었는지 돌아보기에는 나는 너무 미숙한 엄마였다.

3단계 느닷없는 아들의 병을 처음에는 부정하다가 결국 받아들이게 되고, 회사와 아들 간호를 병행하며 일에 대한 미련을 버리지 못한다. 상황이 더 악화되고 나서야 자의반타의반으로 일을 내려놓는다. 아이 옆에 있는 것을 인생의 실패라고 생각한다. 어쩔 수 없이 아들의 병 때문에 발목 잡혀 주저앉았다고 괴로워한다.

그러나 아이 옆에 있으면서 회복되는 아들을 바라보며 기적이 이런 거구나 싶게 가슴 벅찬 나날을 보냈다. 문제는 '나'였던 것이다. 내가 다 내려놓고 온전히 아들만 바라보고 사랑하니 상황이 상상할 수 없이 달라졌다. 솔직히 이 정도까지는 예상하지 못했다. 이럴 줄 알았으면 더 진작 그만둘 걸. 그깟 직장이 뭐라고. 나라를 구하는 것도 아니고, 세계 평화에 기여하는 것도 아니면서, 미련 맞고 질기게 그 일이라는 것을 왜 그리 놓지 못하고 있었냐는 말이다.

엉터리 엄마였던 나는 내 아이가 몇 반인지, 친한 친구 이름은 무엇인지도 잘 몰랐다. '우리 애는 고기 좋아해.' 정도만 얘기할 줄 알았지 밥상머리에 앉아 아이에게 김치를 찢어준 일도 없었다는 것을 나중에야 알았다. 배추김치도 머리 쪽을 잎사귀 쪽보다 더 좋아한다는 것, 계란조림보다는 메추리알 조림에 젓가락이 더 자주 간다는 것도 저녁식탁에 앉아 소소한 얘기를 나누며 알게 되었다.

어쩌다 딸아이가 잊어버리고 놓고 간 물건을 학교까지 갖다 주고, 학교에서 바로 필라테스 학원에 가야 하면 운동복을 챙겨들고 뛰었다. 학원 앞에서 만나 분식집에 팔짱끼고 들어가는 일상이 얼마나 중요한 일인지 겪어보고 나서야 알았다. 엄마 노릇 제대로 하는 건 끝도 한도 없는 일이다.

아들 때문에 병원에 살다시피 한 덕에 많은 엄마들을 병원에서 본다. 어떤 환자의 상황이 마음 아프지 않겠냐마는 아픈 아이를 바라보는 엄마는 사실 그 아이보다 더 괴롭다. 더 아프다. 지난번 119대원들이 세 살 꼬마환자를 응급실에 황급히 데리고 들어오는데 뒤에는 애기 엄마가 울고불고 그런 난리가 없다.

혼비백산된 젊은 엄마는 "우리 애가 숨을 안 쉬어요." "손잡고 가다 앞으로 넘어졌는데 3분 정도 숨을 안 쉬었어요." "엥? 자는 거 같은데? 일단 유모차로 옮길 게요." 유모차로 옮기는 도중 잠에서 깬 아이가 귀찮은 듯 앙 울음이 터진다. 남들 보기에는 멀쩡해 보이는데 정작 엄마는 숨넘어간다. 넘어진 아이가 내 아이이니 3분이나 숨을 못 쉬는 것으로 느꼈을까? 자신에게 닥친 일과 남의 일이 어쩜 이렇게 다른가. 엄마는 자식에겐 이성도 상식도 통하지 않는 그런 존재인가 보다.

응급실 엄마 두 번째 버전. 중환자 치료실로 환자 한 명이 다시 들어온다. 이미 시계는 새벽 3시를 넘기고 있다. 털모자에 언뜻 푸른빛이 감도는 얼굴을 한 처녀아이이다. 정신을 잃었다가 다시 정신이 돌아오는지 끅끅거리며 속에 있는 것을 힘들게 게워낸다. 몇 번 토하다가 다시 혼절하듯 쓰러진다. 환자를 따라 들어와 발을 동동거리는 엄마는 연신 눈물을 훔치고 서 있다.

'오늘 아무것도 안 먹었어요.' 라는 얘기만 의사에게 몇 번이고 반복한다. 먹은 것도 없는데 저 아이는 무엇을 저리 토하고 있나. 엄마애간장이 끊어지겠구나. 몸을 심하게 뒤척이는 통에 쓰고 있던 털모자가 벗겨질 지경이 되자 파르라니 민머리가 드러난다. 엄마는 저 머리를 볼 때마다 얼마나 가슴을 저밀까. 엄마는 혼절한 듯 누운 아이의 팔다리를 쉬지 않고 주물러가며 계속 입을 달싹여 들릴 듯 말릴 듯 말한다.

"엄마가 미안해. 엄마가 정말 미안해. 미안해. 미안해."

자식 때문에 평생 미안해하는 존재가 엄마다. 어떤 자식이건, 어떤 엄마건 이런 관계에는 거의 예외가 없다. 우리들의 엄마도 그랬고, 우리들의 자식이 엄마가 될 때도 또 그럴 거다. 어느 책에 보니 누구 엄마로 사는 인생 10년이면 충분하다고 한다. 옴마나! 예전 내 모습을 보는 듯하다. 그러나 이제 나는 생각이 달라졌다. 평생 누구 엄마로 살아도 모자란다. 엄마는 자식에게 가장 강력한 인생의 멘토이다. 가장 큰 영향력을 미치는 존재이기도 하다.

이정표 없는 세상에서 엄마 노릇은 영원히 어려운 숙제다. 그러나 자식이라는 이름의 인생 선물을 받아 든 이상 엄마는 행복한 존재이다. 그런 엄마가 가장 원하는 것은 뭘까? 내 아이가 행복하게 사는 것이다. 그럴 수 있도록 돕는 길은 쉽지 않다.

나의 엄마 노릇은 일단 옳다고 여기는 것을 아이에게 강요하지 않도록 꾹 참는 것부터 시작하고 싶다. 스스로 자신이 원하는 삶을 찾을 수 있도록 말이다. 살다 보면 험한 길도 지나고, 잘못된 길이라면 되돌아서서 올 수 있도록 기다려 줘야겠다. 엄마로 산다는 것은 자식을 통해 행복한 꿈을 꾸는 것이 아닐까.

한밤 응급실은 세상의 축소판이다.
그리고 거기에서 평소 알지 못했던 낯선 나를 만난다.
누구는 평생 경험해 보지 못할 응급실, 그 생과 사를 오가는 무대를
바라보면 산다는 게 참 뭔가 싶다.

응급실에서
진짜 나와 만나다

하루 종일 심상치 않더니 기어코 한밤중에 민혁이의 공황발작이
시작되었다. 대략 30분이면 진정되는 발작은 사람 속을 바짝바짝 태
우며 40분을 넘겨도 진정되지 않는다. 이런 증상에 죽지 않는 줄 알
면서도 눈앞에 자식이 이를 악물고 얼굴이 새빨개진 채 죽을 것처럼
힘들어하면 견뎌낼 엄마가 없다.

앰뷸런스를 부르고 병원 도착. 새벽 2시. 진정제를 맞았는데도 오늘은 아주 작정하고 아파한다. 이러다 잘못되는 건 아닌지 공포에 휩싸이고 별별 생각이 머릿속을 쑥대밭으로 만들 때 쯤 아무 일도 없다는 듯 발작이 가라앉았다. 사람 마음이 참 간사하다. 내 아이가 아픈 그 시간에는 함께 죽을 것처럼 온 신경이 빳빳하게 곤두서다가도 아이가 그 고통에서 놓여나면 갑자기 여유가 생긴다. 마치 괴로움으로 쪼글쪼글하게 구겨졌던 마음에 바람이라도 집어넣어 쭈욱 퍼지는 느낌이다.

공황발작으로 들어오는 환자는 응급실에서 환자 축에 끼지도 못한다. 그만큼 응급실은 말 그대로 위급하다. 날카로운 사이렌 소리가 잠들지 못하는 응급실을 또 한 번 발칵 뒤집는다. 이번에는 교통사고 환자인가 보다. 심폐소생술을 하면서 들어오는지 바퀴 달린 침대 위로 뛰어오른 의사는 환자의 가슴을 규칙적으로 마사지하며 서둘러 중환자실로 향한다.

의사들은 표정이 없다. 볼 때마다 신기하다. 늘 위기상황을 겪는 사람은 표정이 없어야 하나? 앰뷸런스는 밤새도록 이유도 다양한 환자들을 데리고 들어왔다. 의식을 잃고 실려 온 환자, 심장이 멈춘 채 쓰러졌다는 환자가 하루 밤에도 몇 차례 응급실을 깨운다. 두 번째 뇌출혈이라는 환자의 자식들은 사시나무 떨듯 덜덜 떨면서 울기만 한다.

응급실의 풍경은 자주 봐도 도통 적응하기 어렵다. 남의 일을 보면서도 내 손발이 오그라지는 느낌이 들 정도로 살벌하다. 이런 와중에서 아주 특이한 사람들도 있게 마련이다.

교통사고 환자. 의식이 없다. 옷까지 이미 피투성이다. 뒤따라 들어온 환자의 형은 이미 영혼이 나가 버린 듯하다. 그는 심폐소생실 문밖에서 대성통곡을 한다. 이어 또각또각 원피스에 하이힐 차림으로 그 남자 옆에 다가서는 여자. "괜찮아요, 아주버님." 뭐가 괜찮다는 건지, 남편이 죽지 않을 거라는 건지, 갑작스러운 사고에 본인은 정신을 붙잡고 있으니 안심하라는 얘긴지 이 와중에 저렇게 공식적인 표정이 가능하다니 놀랍다.

응급환자 보호자들 중 담담한 사람은 거의 없다. 대부분의 보호자들은 오히려 환자보다 더 놀라고 당황한다. 특히 어린이 응급환자의 경우 부모가 제정신이 아니다. 40도 이상 고열은 어렸을 때 누구나 겪는 일인데도 열에 들뜬 아이를 안고 있는 엄마들은 세상이 무너진 듯한 표정이다. 어디가 아픈지 제대로 설명할 수 없는 아기 환자들의 보호자는 더 어쩔 줄 모른다. 엄마 아빠의 앳된 얼굴이 하얗게 질린 채 의사만 눈으로 좇고 있다. 그저 부모는 모두 죄인이다.

어떤 환자도 응급실에 오고 싶어 온 사람은 없다. 평소 심각한 질환을 앓고 있거나, 드라마나 뉴스에서나 보았던 교통사고를 날벼락처럼 당한 환자가 제일 많다. 그런가 하면 어처구니없는 사고도 많이 일어난다.

사과를 깎다 손을 심하게 베어 피가 뿜어져 나오는 혈관을 붙잡고 뛰어든 환자, 가래떡을 기름에 튀기다 기름과 함께 떡이 터졌는지 심한 화상을 입은 사람, 평소에 멀쩡히 다니던 계단에서 굴러 다리가 부러진 아저씨, 화장실 가는 도중 아이가 놀다 내버려둔 장난감을 밟아

미끄러져 척추를 다친 아기 엄마… 몇 분 전까지만 해도 상상도 못했던 사고들이 응급실에는 넘쳐난다.

자신의 의사와는 전혀 관계없는 사고 때문에 응급실에 실려 오는 건 그냥 말 그대로 사고다. 무서운 병이 다른 사람도 아닌 자신에게 찾아온 것도 어쩔 도리가 없는 운명이다. 그러나 응급실에는 자신이 스스로 만든 사고로 가족을 아프게 하는 사람들도 꽤 있다. 자살을 시도하다 오는 환자들. 대부분은 수면제를 쓴다. 위세척으로 정작 본인 몸만 괴롭지 빨리 회복된다. 약을 그만큼 먹는다고 죽지 않건만 온통 난리법석이다. 차라리 주변 가족들이 당사자보다 더 상처받는다.

내 불행에 절망하다가 그래도 저 사람보다는 내가 낫지 하는 위로는 얼마나 초라하고 가여운가. 응급실이라는 인생 무대의 불이 꺼질 때쯤이면 난 언제나 그런 생각을 했다. 나 역시 내 아들의 병으로 이렇게 사흘이 멀다 하고 응급실을 드나들 줄 몰랐다. 이곳은 세상 한편에 또 다른 세상이다. 본인의 운명이든 부주의한 사고든 의도된 불행이든 응급실은 절박하다. 그리고 이곳에선 보이지 않는 신을 향해 누구든 간절한 기도를 드린다. 그리고 겸손해진다.

어린 남녀는 아직 술에 취해 제정신이 아니다. 스물 두셋 정도나 되었을까. 여자애가 남자애 어깨에 기대 울고 있다. 머리는 풀어헤친 채 얼굴을 가렸다. 눈물을 닦아주는지 남자애가 그녀의 얼굴을 억지로 들어 올렸을 때 그 아이의 얼굴을 본 나는 어이가 없다. 기가 막혀 혀 차는 소리가 남에게 들릴 뻔했다. 술 취한 그녀가 제대로 걷지 못해 넘어지면서 얼굴을 바닥에 부딪쳤나 보다. 이럴 때 취객을 놀리는 말 '아스팔트에 갈았다.'라고 한다. 창피하고, 아프고, 술은 안 깨고, 어린 네가 삼중고구나. 참 나. 피가 상처에 맺혀 있다 눈물과 함께 흐르기 시작하니 공포영화가 따로 없다. 술은 제발 조금만 마시세요. 아름다운 젊은이들아. 그리고 얼굴은 갈지 말자. 인간적으로.

이번엔 70대 엄마다. 노모는 의식이 없는 건지 일부러 말을 안 하는 건지 울고 부는 아들 앞에 조용하다. 침대가 흔들릴 정도로 아들은 엄마를 향해 엎어지며 흐느낀다.

"엄마, 미안해. 잘못했어. 내가 많이 미안해. 정말 미안해."

아들이 뭘 잘못했다고 하는지 대충 알 것 같다. 탈색해서 헝클어진 머리, 싸구려 도금 목걸이에 온몸에 요란한 문신이다. 보통 용이나 잉어던데 이 친구는 중국어 일본어를 짬뽕으로 섞은 데다 심심치 않게 전갈인지 곤충도 마구 그려 넣었다. 문신 때문에 무섭다고 하기에는 너무나 앳된 얼굴이 눈물로 뒤범벅이다. 결국 아들 가슴에 후회나 반성을 불어넣는 것은 엄마의 기도뿐이지 않았을까. 응급실이 가끔은 자식을 사람 만들기도 한다.

한밤 응급실은 세상의 축소판이다. 그리고 거기에서 평소 알지 못했던 낯선 나를 만난다. 누구는 평생 경험해 보지 못할 응급실, 그 생과 사를 오가는 무대를 바라보면 산다는 게 참 뭔가 싶다. 그러다가도 오늘밤 나와 사랑하는 가족이 무사히 잠들 수 있다는 것은 어떤 말로 설명할 수 없는 축복임을 절감한다.

남의 불행을 보고서야 머리 숙인 감사는 어째 좀 면구스럽기는 하지만 사실이다. 내가 숨쉬는 공기를 당연하게 여기듯 보석 같은 모든 일에 아무 감사도 없던 일상, 내가 누리는 모든 것들이 당연히 내 힘으로 갖게 된 것이라는 오만, 약하고 힘든 사람들에 대한 무관심, 손에 쥐고 있는 것보다 늘 저 멀리 있는 것에 목말라 했던 시간들…나는 그렇게 부족한 사람임을 그 밤에 거기에서 알게 되었다. 그리고 응급실 침대 한 편에 이마를 대고 웅크린 채 생각하고 또 생각했다.

'잘못했습니다. 제가…전부 다요….'

그렇게 어린 내 아들은 거대한 우울증이라는 괴물과
3년 가까이 사투를 벌였다. 그때는 들리는 모든 것이 아프고,
보이는 모든 것에 눈물이 났다.
그렇게 아픈 시절이 흐르고 있었다.

암보다 무서운 우울증

검은 바다보다 더 깊고 어두운 우울증이 내 아이를 집어 삼키고 있다. 어떻게 해서든 여기서 빠져 나가야 한다. 푸석푸석한 얼굴에 초점 잃은 어린 아들의 눈빛이 내 가슴을 서늘하게 한다. 내가 세상에서 제일 무서워하는 표정이다. 심한 두통으로 어지럽다고 호소하다 급기야는 헛구역질을 시작한다. 머리는 엉망으로 헝클어져 있고 언제 그랬는지 알 수도 없는 긁힌 상처들이 양팔에 피딱지가 되어 있다. 운동을 워낙 좋아해 항상 탄탄하게 튕겨오를 듯 빛나던 아이. 건강한 몸이

저 병 때문에 꼼짝없이 축 늘어져 항복하고 있는 것이다.

아, 스무 살 청년 내 아들.

어느 날 몸이 마음에게 물었다. "난 아프면 의사 선생님이 치료해 주는데 넌 아프면 누가 치료해 주니?" 그러자 마음이 말했다. "나는 나 스스로 치유해야 돼."

– 드라마 〈내 이름은 김삼순〉 중에서

정신이 몸을 지배한다는 말을 절감한다. 때때로 민혁이는 주방에서 식칼을 가져다 책상에 올려두곤 했다. 기겁을 해서 치우고는 벌렁거리는 가슴으로 왜 그랬냐고 물으면 기억나지 않는다고 했다. 팔이고 다리고 뭔가 뾰족하고 날카로운 것으로 긁어 상처 낸 자국도 언제 그랬는지, 왜 그랬는지 모른다고 했다.

나는 내 아이가 공황증으로 너무 힘들어할 때마다 가슴이 먹먹하게 아프면서 눈물이 난다.

"하루에 천 번도 넘게 죽고 싶어. 일초마다 한 번씩 그 생각뿐이야. 언제든 차 타고 가다 사고 나서 죽었으면 좋겠어. 그냥 약 먹고 죽거나, 건물 옥상에서 뛰어내리면 엄마한테 배신이잖아. 사고 나서 죽으면 내 책임이 아니니까…그게 소원이야…."

아들이 내 앞에서 아무렇지도 않게 내뱉는 말이다. 온몸의 피가 싸늘하게 식는 느낌이다. 차가워진 피가 몸을 돌고 돌다 그것도 점점 말라 없어져 간다. 내 몸엔 피가 더 이상 남아 있지 않다.

또다시 입원했다. 이번엔 무의식중에 손목을 긋는 바람에 병원에 데려다놨더니 링거 주사 바늘을 본인이 뽑아 버리고 한바탕 난리를 쳤다. 당분간 면회도 못한다. 의사가 그래야 치료에 효과적이니 믿고 맡겨달라는데 할 말이 없다. 돌아서서 눈물이 흐른다. 어떻게 해야 하나? 차를 타고 운전대만 잡으면 하염없이 눈물이 난다. 소리 지르며 엉엉 울어도 이 어처구니없는 상황 속에 내가 뭘 어떻게 해야 할지 모르겠다.

신촌 세브란스로 병원을 옮겨 입원했다. 분당서울대병원에서는 병원 탈출 경력이 있었고, 아들이 그 병원을 거부했다. 병원에 들어오면 늘 느끼는 거지만 인생살이가 고달프다. 저 많은 환자와 가족은 저마다의 사연을 가지고 묵묵히 오늘을 이겨나간다. 다섯 개의 침대. 우리를 포함해 다섯 명의 환자. 어쩜 다들 젊은 남자애들이다. 저 혈기 왕성한 청년들이 대체 왜 그렇게 심한 마음의 병을 얻었을까?

같은 방 환자들은 사연도 갖가지이다. 고3 수험생활을 시작하자마자 갑자기 찾아온 공황장애. 봄에 입원했는데 겨울인 그때까지 퇴원할 수 없다는 K. 공부만 했을 법한 범생이 타입의 그 친구는 하루 종일 병실 복도에 서 있다. 그것도 아침식사 식판을 든 채 망부석이 된다. 심한 강박증이 겹쳐져 밥을 먹고 나서 복도에 있는 카트에 식판을 가져다놓으러 나오는 순간부터 발걸음을 뗄 수 없는 증상이다. 그렇게 그 아이는 종일 식판을 든 채 발밑만 내려다보고 있는데 의료진은 그대로 놔둔다. 본인 스스로 움직이게끔 기다리는 것이다. 치료라 어쩔 수 없다지만 보는 내내 마음이 먹먹하다. 쟤 부모는 오죽할까.

외고 수석 입학, 수석 졸업, S대 교육학과 장학생. 졸업을 한 학기 남기고 앞으로 닥칠 사회생활에 대한 불안과 스트레스로 갑자기 공황장애가 발병했다는 B군. 화려한 그의 스펙만큼이나 그 어머니의 프라이드는 여전히 강하다. B군은 하루 종일 말이 없고 엄마와는 눈도 마주치지 않는다. 오직 침대에 앉아 옆자리를 차지한 민혁이만 뚫어져라 쳐다본다. 처음에는 불편해하던 아들이 농담 삼아 '형, 저 수학 좀 봐 주세요.' 말을 건넨다. 수학 봐 주고 배우고 할 형편이면 니들 여기 누워 있겠니? 어휴 말을 말자.

가장 어린 환자는 ADHD 증상으로 입원한 초등학교 6학년 C군. 병명에 성실히 부합하듯 정말 부산하고 정신 사납다. 잠시를 가만히 있지 못하고 시끄럽다. 이 아이는 아이큐가 150이 넘는단다. 극성 맘을 만난 죄로 어찌어찌 국제학교에 들어가고 소위 고급 사교육의 샘플로 혹사당했다. 아이 능력이 부응하니 엄마의 욕심이 결국 애를 망친 셈이다. 어린아이가 벌써 입원만 세 번째란다.

가만 보면 집안 분위기가 톡톡히 한 몫 한다. 종일 아이를 간호하는 조부모는 잠시도 쉬지 않고 내내 말싸움이다. 강남에서 영어 학원을 운영한다는 엄마는 밤에 잠깐 나타나는데 그 잠깐 동안 하루 종일 해야 할 말을 10분 만에 따발총 쏘듯 쏟아내고 바람처럼 사라진다. 어쩌다 출연하는 아버지는 늘 꿔다놓은 보릿자루다. 아이가 아플 만하다. 객관적으로 봐도 집안 분위기 이상하다. 남의 일은 이렇게 원인부터 상황까지 다 잘 보이는데 우리 아이는 뭐가 문제가 되어 아픈 걸까? 아무리 생각해도 모르겠다. 누가 대신 왜 이렇게 된 건지 말 좀 해주세요.

"아드님은 왜 입원한 거예요. 아주 멀쩡한데?"

입원할 때마다 제일 많이 듣는 얘기다. 그럴 때마다 일일이 설명하기도 귀찮아 그냥 웃고 만다. 스마일 마스크 증후군smile mask syndrome. 아들의 병세를 심화시킨 또 하나의 원인이다. 민혁이는 늘 남에게 인정받고 싶은 욕구가 다른 아이에 비해 유난히 강하다. 누가 시키지 않아도 모든 것을 잘 해내야 한다는 강박과 함께 본인이 힘들더라도 남들 앞에서는 아닌 척 웃고, 스마트하게 모든 것을 처리해야 했다.

병원에서조차 이런 증세는 없어지지 않았다. 입원실에서도 흐트러짐이 없다. 아침에 일어나 세수하고 식사용 테이블을 펴서 공부를 시작한다. '나는 이런 사람'이라는 것을 회진하는 의료진에게 보여 주어야 하는 거다. 바로 이런 증상이 병의 핵심이다. 한술 더 떠 나는 수험생이니 면담실 하나를 비워달라고 요구하기도 한다. 공부를 해야 하니까!

아들은 심리치료를 제외하면 무료한 병원 생활 속에서 시간을 잘 활용해야 한다는 강박이 너무 심했다. 저녁이면 운동을 시작한다. 팔굽혀펴기 100개, 다리를 벽 난간위에 고정한 채 난이도 최상급 팔굽혀펴기 100회… '나는 이런 사람' 제2부이다.

살찌는 것을 끔찍하게 싫어하는 아들은 늘 몸을 관리한다. 누가 보면 헬스클럽 개인 트레이너라고 해도 믿을 판이다. 공부하고, 운동하고, 보호자들에게 예의 바르게 인사하고, 밥 먹고, 간식 먹고, 대체 저 멀쩡한 애는 왜 입원해 있는 거냐는 소리가 나올 법도 하다.

문제는 이 모든 것이 '아프지 않은 척 연기'라는 점이다. 아들을 사로잡고 있는 우울증은 마치 시한폭탄 같았다. 끊임없이 아들을 괴롭히는 주범이다. 끝없는 나락으로 떨어지듯 우울감에 한번 휘어 잡히기 시작하면 혼자 헤어 나오지 못한다. 초점 없이 충혈된 눈, 심해지는 환청으로 귀를 막고 소리 지르기 시작하면 차라리 병원에 있는 편이 마음이 놓인다. 입원해 있는 동안에도 몇 번이나 발작 증세를 보였다. 그때서야 사람들은 왜 이 멀쩡한 아이가 입원을 하고 있는지 비로소 알게 된다.

24시간 계속 우울한 것은 아니다. 우울감은 어떤 날은 하루 종일, 어떤 날은 반나절, 어떤 날은 그럭저럭 참고 넘어갈만하기도 한다. 우울감은 영혼을 피폐하게 한다. 온통 사람을 엉망으로 휘저어놓는다. 그리고 놔주지 않는다. 꽉 틀어쥐고 있다.

우울증에 걸리면 자신의 존재 자체를 실패라고 여기거나 없어져야 마땅하다고 생각한다. 우울증은 정신적 충족감이 성취되어야 나을 수 있는데 거기까지 가기가 구만리다. 그렇게 어린 내 아들은 거대한 우울증이라는 괴물과 3년 가까이 사투를 벌였다. 그 가시밭길을 맨발로 아들과 함께 걸어갔다. 그때는 들리는 모든 것이 아프고, 보이는 모든 것에 눈물이 났다. 그렇게 아픈 시절이 흐르고 있었다. 🖋

> 나는 변이된 헬리콥터 맘이었다. 아들은 내 인생의 자부심이
> 되어 주어야 했다. 일하느라 함께하는 시간은 없으면서
> 내 아이의 성적, 학교 수상, 임원 활동이라는
> 말도 안 되는 욕심에 초점을 맞췄다.

헬리콥터 맘의 추락

분당 정자역 일대는 밤이면 전쟁이다. 학원가가 밀집되어 있는데다 유명한 카페 골목의 일반 차량이 학원버스와 뒤엉켜서 북새통이다. 여기에 밤 10시 학원 수업을 마치는 아이들을 픽업하는 부모들의 차량이 합세하는 순간 일대는 거대한 주차장이 돼 버린다. 이런 밤 풍경은 비단 강남이나 분당 학원가만의 특정 모습이 아니다. 대한민국은 밤 10시가 피크라는 빈정거림이 과장이 아니다.

나 역시 당연히 이 대열에 뛰어든 엄마였다. 정자동에서 10분 거리

에 사무실이 있는 나는 언제나 늦게까지 일하다 아이를 픽업하곤 했다. 직원들은 퇴근하지 않는 일중독 상사 때문에 골머리를 앓았고, 나는 일과 픽업을 함께 하니 일거양득이라 좋아했다.

시험 때가 가까워오면 밤10시에 학원에서 다시 독서실로 데려다주었다. 아이는 지친 얼굴을 화장실에서 말갛게 씻는다. 잠이 깼다고 공부를 좀 더 하겠노라고 의지를 불태우면 나는 좋아라 집에 돌아갔다가 새벽 2시에 다시 아이를 픽업했다. 돌도 씹어 먹는다는 사춘기를 즈음한 아들이 새벽 2시에 배고픔을 참지 못하면 나는 그 늦은 밤에 졸린 눈으로 고기를 구웠다. 그러나 그 비상식적인 일상이 고등학교 수험생에게는 당연한 것이라 생각했다. 더군다나 나는 자타공인 슈퍼맘 아닌가. 아이를 위해서라면 못 해줄 게 없다고 생각한 시절이었다.

생각해 보면 공황장애로 브레이크가 걸리기 전까지 나는 아들을 키우며 속상해 본 적이 거의 없다. 그는 별명이 애어른이었을 만큼 자기가 할 일은 스스로 알아서 하는 소위 엄친아 계열이었다. 초등학교부터 고등학교까지 교무실의 모든 선생님들이 인정할만한 모범생인데다, 어떤 분야를 막론하고 대회 수상에서 거의 빠진 적이 없으며, 학생 임원은 늘 맡아 놓고, 성적은 당연히 상위권이었다.

일이 이쯤 되니 언젠가부터 난 이러한 상황을 당연하게 여기기 시작했다. 오히려 주변에서 들리는 말썽쟁이 아들 스토리는 딴 나라 이야기쯤으로 생각했다. 전업주부이면서도 아이 성적을 챙기지 못하는 엄마들을 향해서는 은근히 한심해하는 마음까지 있었다. 지금 생각하면 참 가관이었다. 내가 정해놓은 프레임에 맞춰 주는 아들 때문에 우쭐대는 꼴이라니. 상처는 안으로 계속 곪아 가는데 나는 그렇게 교만한 엄마로 살며 바로 이어질 추락을 전혀 예상치 못하고 있었다.

자녀의 일에 지나치게 간섭하며 자녀를 과잉보호하는 엄마를 헬리콥터 맘이라고 한다. 특히 교육 문제가 대표적이다. 지금 생각해 보면 나는 변이된 헬리콥터 맘이었다. 아들은 내 인생의 자부심이 되어 주어야 했다. 일하느라 함께하는 시간은 없으면서 내 아이의 성적, 학교 수상, 임원 활동이라는 말도 안 되는 욕심에 초점을 맞췄다. 두고두고 후회되는 세월이 된 셈이다.

텔레비전 방송에서 '세계에서 가장 쉴 틈이 없는 한국의 학생들'이라는 프로그램을 봤다. 학생들의 하루 평균 학습시간은 10시간이 훌쩍 넘는다고 한다. 주말도 예외는 아니다. 휴일 없이 월화수목금금금, 공부가 아닌 학습노동이다. 대학입시를 준비하는 고교생뿐만 아니라 중학생도 예외는 아니다. 평일 밤 10시 학원에서 쏟아져 나온 아이들로 학원가는 붐비고, 이 아이들은 집에 가서도 또 숙제에 시달린다고 한다.

고교생 71%, 중학생 49%가 일요일에 학원에 다닌 적 있다고 대답했다. OECD 회원국 중 우리나라 학생들 공부하는 시간이 가장 길고, 삶의 만족도는 꼴찌라는 통계는 이미 누구나 알고 있는 바이다.

만 15세 한국 학생 사교육은 일주일 평균 3.6시간(2012년). 국가 평균 0.6시간에 비해 6배이다. 오죽하면 학원 휴무제를 시민단체가 추진하겠는가? 살인적인 학습량이나 허리가 휘는 사교육비에 대한 해결책이라지만 한쪽에서는 또 학습권 침해로 반대하는 목소리도 높다고 한다.

"일일이 신문에 기사로 나지 않아서 그렇지. 청소년 자살이 그렇게 드문 일도 아니야. 마음 아프지. 다들 이건 정상이 아니라면서도 계속 내 자식 등은 모질게 떠밀고 있는 거잖아. 못 고친다. 이 병. 대한민국 엄마들은 중증이야."

내 친구 H는 목동에서 엄마들이 서로 모셔가려는 유명 영어강사다. 대학졸업 후 직장에 들어갔다가 적성에 맞지 않는다고 1년을 투덜대더니 그 연봉 높은 회사를 때려치우고 영어 과외선생을 시작했다. 벌써 20년째이다.

H가 유명해진 것은 영어성적을 올리는 데도 탁월하지만 무엇보다 엄마들에게 현실을 올바로 깨닫게 해주고, 아이를 위한 플랜 B, 즉 차선책을 제시해 주기 때문이란다. '당신 아이는 공부 쪽은 아닙니다. 가능성 희박하죠. 지금으로서는 이러이러한 차선책이 있습니다.' 아예 대놓고 공부머리 없다고 얘기해 주면 의외로 순순히 받아들이는 엄마들이 대부분이란다. 왜냐하면 제 자식은 누구보다 잘 알고 있기 때문이다.

속으로는 안 되는 줄 아는데 학원들 상술에 휘둘려 '할 수 있다. 당신 자식이 안 해서 그렇지 머리는 비상하다. 맡겨 달라.'는 학원에 마지막으로 속는 셈 치는 미련으로 고3까지 질질 끌려간다는 것이다. 학원비에 엄마는 죽어나고, 아이는 공부 감옥에 갇혀 죽을 맛인 비극이 너무 만연해 있다.

"공부를 어떻게 대신해 주니? 지난번에 어떤 엄마가 하는 말이 암기과목은 자기가 보면 더 잘 볼 거래. 아이 교과를 다 꿰고 있으면서 참고서부터 예상문제까지 엄마가 다 체크해 주고 있는데 자기 애가 공부를 안 한다고 한탄하더라."

엄마들 이야기 듣다 보면 기함할 노릇이다. 아이 주변에서 24시간 밀착 관리가 본인의 직업인 엄마들이 대부분이고, 그렇지 않은 엄마들은 죄인이 된다. 그러면 뭐하나. 헬리콥터 맘으로 의욕충천 해 봐야 현실을 깨닫게 되면 자진착륙이든 강제추락이든 시간문제이다.

지금 사회가 쓰는 용어를 보면 그 사회의 감성이 증명된다. 우리 사회는 원래 관계 지향적이고 도덕적인 특성을 예전부터 가지고 있다. 그러나 이제는 모욕과 비난으로 상처받는 나라가 되었다. 청소년들 사이에 벌레 '충'이 유행이다. 감성적인 한마디에 친구들로부터 '감성충' 소리를 듣는다. 진지한 아이는 '진지충'이고, 뭔가 설명하려 들면 '설명충'이다. 아무거나 막 찍어 부친다. 인터넷상에 '극혐'이라는 단어가 자주 등장한다. '극혐'이라니. 대체 그런 극단적인 용어를 쓸 경우가 있기나 한가? 그러나 무시무시한 그 말이 아무렇지도 않게 자주 쓰인다.

심리학자들은 사람들이 자신의 열등감을 보상받기 위해, 얄팍한 우월감을 얻고자 그런 말들을 쓴다고 분석한다. 이렇게 청소년, 사회 전체의 감성이 잘못 흘러가고 있는 현상에는 아이를 과잉 관리하는 많은 엄마들이 일조했다. 엄마들에게도 자존감이 중요하다. 특히 헬리콥터 맘이 되어 아이들의 주변을 끊임없이 배회하는 엄마들은 더 그렇다. 엄마 스스로가 자신을 특별한 존재로 여겨야 한다. 그리고 아이의 개성과 자율성을 존중해야 한다. 헬리콥터 맘 흉내 내다 한방에 추락했던 내가 이제 툭툭 털며 일어나 깨달은 소중한 이론이랄까, 반성이다. 🍃

PART 2

성공이
전부인 줄 알았다

> 인생은 세월에 따라 새롭게 말을 걸어온다.
> 예상치 않은 아픈 길을 걸으며, 또는 의외의 행운에 감사하며
> 이 모든 것은 그저 빈 마음으로 있어야 채워진다는 것을
> 이제야 담담히 깨닫는다.

성공이 전부인 줄 알았다

푸르스름하게 동이 터오기 시작한다. 새벽의 명동은 고요하고 신비롭기까지 하다. 우리는 마지막 준비에 촌각을 다투는 쇼핑몰 정문 앞에 웅성거리며 서 있었다. 드디어 오늘이다. 대한민국 신 개념 쇼핑몰 유투존UTOO ZONE. 삼성에서 처음 오픈하는 유통매장이다. 이미 몇 달 전부터 매스컴을 통해 들썩거리고 업계의 모든 눈이 이곳을 주목하고 있다. 그도 그럴 것이 '최초' '파격'이라는 수식어가 이처럼 많이 동원된 곳은 없었다. 일 년 넘게 거의 모든 직원이 전력을 다해 만든

결과가 오늘 세상에 선보이는 것이다.

1996년. 나는 그때 스물아홉 혈기 왕성한 열혈 직장인이었다. 세상에 없던 뭔가를 내 손으로 만든다는 사실 자체만으로 터질 듯 흥분하던 시절이었다. 더군다나 뭐든 파격이고 최초여야 하니 놀아 보고 싶은 나에게는 멍석 깔아 준 격이었다. 내가 맡은 분야는 젊은이들이 즐길 수 있는 푸드 코트와 바를 겸한 카페였다. 그로부터 20년 넘게 지난 지금은 푸드 코트가 대중적이고 특별할 것도 없지만, 그 당시에는 외국에나 가야 볼 수 있는 식당 형태였다.

쇼핑몰 4층에 만든 푸드 코트는 파격 그 자체였다. 동서양을 나눈 콘셉트의 인테리어는 패밀리 레스토랑보다 세련되고 일반 바보다 경쾌했다. 아예 홀 중간에 잠수함을 만들었다. 과일주스를 파는 공간이었다. 사람들은 연일 잠수함 앞에서 사진 찍느라 즐거워했다. 넓은 야외 공간에서는 매주 유명 가수들이 노래를 하고, 이 공연을 보기 위해 사람들이 모여들었다. 내가 오픈한 매장이 화제의 가장 중심에 있는 것이다. 나는 직장 생활 중 최대 기쁨을 맛보고 있었다.

그때는 누가 내게 '당신에게 직장이란?'이라고 묻는다면 '애인입니다.'라고 거침없이 대답할 수 있었다. 새벽까지 일하고 동료들과 을지로 입구 포장마차에서 우동이나 꼬치를 먹는 일이 최대 즐거움이었다. 며칠간 야근 때문에 몸이 물먹은 솜 마냥 축 늘어져도 좋았다. 밤 늦게 퇴근할 때면 명동 거리에 푸짐하게 내린 함박눈 때문에 눈 밟느라 돌아다녔다. 그러다 마음 맞는 동료들끼리 술집으로 어깨동무하고 몰려가는 나의 젊은 나날이었다.

그때 나는 미친 듯이 일만 했다. 임신 중에도 해외출장 가면 14시간씩 걸어 다녔다. 지금 생각하면 아찔한 객기였다. 식당 하나 입점시키겠다고 부산 바닥을 3박 4일 쓸고 다니는 것은 기본이었다. 아주 특별한 아이템을 찾겠노라 여름 장대비가 무섭게 쏟아지는 이태원을 종일 뒤지는 것도 짜릿한 나만의 낙※이었다.

비가 온다. 연한 초록색이 금방이라도 묻어날 듯 내리는 봄비다. 여태 가뭄이라 다들 걱정이었는데 한 번에 온 대지가 촉촉해진다. 테라스 차양 밑으로 빗물 뚝뚝 떨어지는데 젖은 기억들이 자꾸 걸어 들어온다. 일 얘기만 하면 금방이라도 탱탱하게 튕겨오를 것 같은 유쾌한 젊은 날들이 이렇듯 생생한 촉감으로 기억난다.

20대부터 지금까지 나는 흔히 얘기하는 이상적인 인생을 살지 않았다. 대학 때도 해외 배낭여행 한번 다녀 본 적 없고, 자랑삼아 젊은 시절을 떠벌릴만한 모험거리도 유감스럽게 없다. 그저 학교와 집, 회사, 교회가 트라이앵글 같은 내 인생의 전체 영역이었다고 할까. S대를 나온 것도, 박사학위가 있는 것도 아니다. 그저 아주 평범한 사람의 대표선수로서 평균보다 어쨌든 최대치로 나은 삶을 살아 보겠노라고 애썼다. 가장 현실적인 가능성 중에 제일 좋은 것을 얻기 위해 스스로를 달달 볶았던 것 같다. 영화 〈아메리칸 허슬〉American Hustle 중에 이런 대사가 나온다. '나의 꿈은 지금과 다른 사람이 되는 거였어.' 바로 그랬다. 지금과 다른 사람, 훨씬 더 나은 사람이 되고 싶었다.

내가 말하는 성공이란 아주 평범한 사람들이 한껏 노력하면 얻을 수 있는 수준을 가리킨다. 매스컴이나 자기계발서에 흔히 나오는 성공 이야기는 아무리 밑줄 그으며 읽어 봐야 내가 처음부터 도달할 수 없는 스토리가 대부분이다. 미국에서 성공해 연매출 몇 조원을 넘긴 기업가라든가 하버드대를 수석으로 입학했다거나, 사법고시를 20대에 패스해 최연소 어쩌고 하는 사람들은 어째 나랑은 태생적으로 다른 인류라는 생각이 들곤 한다.

젊은 시절은 원래 일을 좋아하는 천성에 어찌어찌 묻어가며 남들보다 잘한다는 소리 듣는 직장인으로 살았다. 30대 후반부터는 생각이 달라졌다. 나는 나의 평범함이 싫었다. 태생적으로 다른 인류처럼은 될 수 없지만 그래도 노력하면 최대한 덜 평범해질 수 있는 데까지 한번 가보고 싶었다. 가정이 있고, 아이들의 엄마이면서도 지나치게 일에 매달린 것도 그런 이유였다. 그러나 신은 우리에게 언제나 돌이킬 수 있는 기회를 주신다. 삶의 어느 모퉁이에서 어느 날 문득 깨닫는 순간이 오는 것이다.

'나는 지금 제대로 살고 있나?'

신이 내게 주신 기회는 내 아들을 통해서였다. 그는 어느 날 갑자기 공황장애라는 낯선 병으로 쓰러졌다. 일생에 예상치 못한 일이었다. 무작정 앞으로 달리기만 하던 나는 과속으로 자동차가 급브레이크를 밟듯 한순간에 비명을 지르며 멈췄다. 아들의 고통은 나에게 지금껏 살아온 모든 삶의 의미를 단 한순간에 앗아가 버렸다. 그리고 나는 지금껏 살아온 나의 인생을 다시 처음부터 찬찬히 바라보아야만 했다. 나는 왜 바쁘게 살았는지, 사회적으로 기를 쓰고 두 손에 거머쥔 성공이 그렇게 대단한 가치가 있는 것이었나?

학교에서 같은 교실 안에 앉아 있다고 다 같이 공부 잘하는 학생은 아니다. 같은 노력을 해도 어떻게 하느냐에 따라 삶이 바뀐다. 흘린 땀과 결과가 반드시 비례하지는 않는다는 뜻이다. 직장생활에서도 50만큼 노력했다고 50의 결과치가 나온다는 보장이 없다. 문제는 50을 언제 어디서 얼마만큼 썼느냐이다. 본인이 목표를 정확히 이해하고 있어야 한다. 직장이든 공부든 배가 가는 방향이 정해지지 않았는데 순풍이 불면 뭐하고 모터 성능이 좋다 한들 어쩔 건가.

나는 내 인생의 목표를 잘 모르고 무조건 전력 질주한 어리석은 주자였다. 남들이 얘기하는 비교적 좋은 대학, 좋은 직장을 거치며 더 높은 세상을 바라봤다. 결혼하고 아이를 낳고 엄마가 되었다. 그러나 그 이후에도 가정보다는 남들이 쉽게 가질 수 없는 무언가를 쟁취하고픈 목마름에 맨발로 사막을 서성거렸다고 할까. 평범한 나의 세계를 벗어나고자 몸부림치는 내가 가지고 싶은 것은 과연 무엇이었을까?

세월이 주는 새로운 언어를 배울 필요가 있다. 예전의 나는 성공이 전부인 줄 알았다. 남들이 얘기하는 그 기준에 맞추느라 뱁새가 황새 걸음에 다리 찢어지듯 죽기 살기로 살았다. 그러나 인생은 그렇게 간단하지 않았다. 하나 더하기 하나가 둘이 되는 것은 수학공식뿐이다. 인생은 세월에 따라 새롭게 말을 걸어온다. 예상치 않은 아픈 길을 걸으며, 또는 의외의 행운에 감사하며 이 모든 것은 그저 빈 마음으로 있어야 채워진다는 것을 이제야 담담히 깨닫는다. 🍃

나도 그런 적이 있었다. 일을 하면서 마음이 뜨겁고,
휴일에도 핑계를 만들어 빈 사무실에 들르면 뿌듯하고,
누군가에게 명함을 내밀면서 당당하고 자랑스럽던 시절 말이다.

직장이라는 막장 드라마

직장과 막장 드라마의 공통점 세 가지는?

첫째, 욕하면서 매일 본다.
둘째, 온갖 로맨스와 출생의 비밀, 배신과 반전, 그리고 성공, 인생
의 쓴맛단맛 다 있다.
셋째, 맥락 없는 결론이 종종 발생한다.

직장을 다니다 보면 직장 안에 온갖 인생이 다 숨어 있음을 알게 된다. 나의 20대 회사생활은 지금과 분위기가 많이 달랐다. 유통업체에 근무하던 내가 맡은 일에는 쇼핑몰 오픈이 많았다. 일단 오픈 준비가 시작되면 직원들은 거의 몇 달을 휴일 반납, 퇴근 없는 시간들을 힘겹게 보냈다. 그러나 거의 모든 직원들이 불평불만을 하지 않았다. 목표가 정해지면 개인 사생활이 희생되는 것쯤이야 당연하다고 여겨지는 때였다. 불가능에 가까운 오픈 시점을 맞추느라 24시간 공사는 계속되었다. 나와 동료들은 낮에는 시장조사, 회의, 리포트, 밤이면 다음날 회의 준비, 리포트 수정, 공사 진척사항 점검으로 눈썹 휘날리는 나날을 보냈다.

말이 열정이지 이것도 두세 달 휴일 없이 계속되면 악 소리가 절로 나온다. 다들 피곤하고 예민해 있던 차에 누가 건드려만 봐 라고 별러가며 일했다. 이때 눈치 없는 상사가 한마디 했다간 바로 사직서 들고 책상 앞에 달려온 부하직원 꼴을 봐야 한다. 야근하느라 밤마다 야식 먹으며 상사 씹어대기는 기본이다. 사직서를 쓰네 마네, 몇 번 찢었네, 웃옷 주머니에 하나, 가방에 하나, 책상서랍에 하나 총 3개를 써놓고 언제라도 그만두네를 외치던 그들은 그 이후에도 묵묵히 회사 안에서 결혼하고 아들딸 낳아 잘들 산다.

그렇다고 회사에 그만두고픈 위기만 있는 것은 아니다. 백화점에 종사하는 사람들은 오픈 일의 감격에 중독되기 쉽다. 온갖 희생을 감내하고 새로운 점포를 오픈했을 때의 기분을 어떻게 설명할 수 있을까. 20년 이상 일하며 나는 많은 매장을 오픈했다. 해가 어슴푸레 떠오르는 새벽, 오픈 준비를 마친 점포를 보면 마치 아이를 새로 낳는 기분이다. 태어나느라 수고했다. 잘 자라야 할 텐데…, 뭐 이런 기분이랄까.

직장에서 일만 하는 것은 아니다. 대부분의 장기근속 직원들은 회사에서 유부남이 되고 엄마가 된다. 돌잔치에도 회사 사람들이 가장 많고, 장례식에서조차 함께 밤새워 주는 사람은 동료들이다.

백화점에서는 특히 사내연애가 많다. 일반 회사처럼 주말에 쉬지 못하니 라이프 사이클 맞는 동료끼리 연애한다. 같은 사무실 직원끼리 깜짝 결혼 발표를 하는 경우도 여럿 있었다. 회사가 사랑의 작대기, 오작교가 되는 셈이다.

그렇다고 달콤한 로맨스만 있을까. 공포 호러물이나 액션, 코미디, 미스터리물도 여기 가세한다. 나의 대리 시절 이야기다. 그때만 해도 직장 내 성희롱 개념이 자리 잡기 이전이었다. 어느 부서 과장이 신입직원에게 와이프가 친정에 가서 집이 비었으니 놀러가자고 했다가 그날로 해고되기도 했다. 다음날 영문도 모른 채 업무 때문에 그 과장을 찾던 동료들은 공포 드라마를 본 꼴이 된다.

어이없는 일은 회식 때도 가끔 일어난다. 평소 직속 상사에게 스트레스를 많이 받은 E주임은 폭탄주를 억지로 먹이는 상사의 얼굴에 술잔을 집어 던졌다. 하마터면 형사사건으로 번질 수도 있는 아찔한 사고였다. 흥미로운 것은 다음날이다. 마치 아무 일도 없다는 듯이 둘 다 업무에 매진하고 있다. 폭탄주 잔에 얼굴이 찢어질 수도 있는 위기를 겪은 상사나 경찰서에 잡혀가야 마땅한 가해자 E주임이나 평화스럽다. 자칫 회사에서 받을 수 있는 징계 때문인지 '아무 일 없음'을 가장하는 것이다. 정말 대단한 남자들이다. 이런 건 장르를 뭐라고 해야하나. 액션인지 호러물인지 원.

코미디의 대표작은 뭐니 뭐니 해도 낙하산이다. 낙하산 부대란 실력으로 백화점이나 마트에 입점하는 것이 아니라, 힘 있는 누군가의 소개로 근거도 없이 소위 '노른자'라고 할 만한 아이템을 운영하는 오너들을 말한다. 지금이야 거의 없어졌지만 20년 전만해도 무소불위의 권력으로 내리 쏟아지는 낙하산들 때문에 자주 시달렸다.

대표적으로 이렇다 할 정치인의 친인척, 백화점 오너 지인까지 하나같이 까다로운 상대들이다. 왜냐하면 '내가 누군 줄 알아.'로 시작해 '직접 전화하겠어.'로 끝내는 공갈범들이 대다수이기 때문이다. 드물지만 신입사원으로도 기끔 이런 낙하산들이 출현히는 비람에 난감한 장면도 있다. 아직도 기억에 남는 건 고추장 집 딸인지 김치 회사 딸인지 대표이사를 아저씨라 부르며 한손을 들어 흔드는 여사원도 있었다는 거다. 맙소사!

직장생활에 대한 막연한 환상은 입사하면 머지않아 자연스레 깨지기 마련이다. 빨리 깨질수록 건강한 회사생활에 도움이 된다. 특히 오냐오냐 어린 시절을 보낸 신입직원들은 더욱 필요하다. 대리 시절 신입사원 훈련을 맡은 적이 있다. 사수 역할이다. 선배들은 새로 들어오는 신입이 회사에 빨리 적응할 수 있도록 부서별로 돌아가면서 실습하게 도와준다. 짧은 시간에 백화점 내 많은 경험을 할 수 있는 기간이다. 물론 이때까지는 개인별 정해진 부서가 없다.

문제는 이런 상황을 잘 이해하지 못하는 신입사원의 부모님이었다. 내가 맡은 신입 중 한 명의 모친께서 백화점으로 직접 찾아오셨다. 이유는 잘난 내 아들을 더 이상 출근시킬 수 없단다. 명문 Y대를 그것도 수석으로 졸업한 아들을 삼성이라는 일류 회사에 보냈더니 백화점에서(당시 삼성물산에서는 분당에 삼성플라자를 오픈했다.) 갈치를 팔게 했단다. 귀한 내 아들을! 머리 좋은 직원을 그렇게 허접한 부서에서 말도 안 되는 일을 시켰다고 사무실을 한바탕 뒤집어놓고 아들 손을 낚아채서 가버렸다. '어머니, 갈치도 백화점 상품인데 팔아 봐야죠. 신입사원은 그렇게 시작하는 겁니다.' 소용없었다.

비슷한 사례는 무궁무진하다. 대구 전체에서 대입수능 점수 일등, S대 공대수석인 신입 여직원 어머니는 딸이 삼성에 입사한 것이 너무 자랑스러워 몰래 보러왔다가 밸런타인데이 장식으로 매장 벽에 풍선 붙이는 모습을 보고 울며 집으로 가셨단다. 그래도 이 엄마는 딸 손목을 잡진 않아서 그 딸은 이후에도 회사에서 착실하게 성장했다.

인기를 모았던 드라마 〈그녀는 예뻤다〉에서 패션잡지를 만드는 남자가 어느 날 이렇게 얘기한다.

"나는 누가 날더러 뭐하는 사람이냐고 물어 볼 때가 제일 좋아요. 내 직업을 얘기해 줄 수 있으니까. 막 자랑스럽잖아요. 기분 좋고."

이 장면을 보면서 나는 순간적으로 가슴이 찡했다. '그래 저거야, 저런 마음으로 직장생활을 해야 행복하지.' 예전에 나도 그런 적이 있었다. 일을 하면서 마음이 뜨겁고, 휴일에도 핑계를 만들어 빈 사무실에 들르면 뿌듯하고, 누군가에게 명함을 내밀면서 당당하고 자랑스럽던 시절 말이다.

막장 드라마의 필수 공식은 뭐니 뭐니 해도 권선징악이다. 아무리 드라마 초반에 쥐어박고 싶게 미운 악인들이 득세하는 양 보여도 결국엔 주인공들이 이긴다. 20년 넘는 회사생활의 결론은 직장도 이와 다르지 않다는 사실이다. 인생의 축소판인 양 직장생활 속에는 고난과 위기가 심심찮게 등장하지만 중간에 뿌려지는 깨소금 같은 재미와 감동이 또한 있게 마련이다. 직장생활에서 성공하고 싶다면 드라마 공식을 믿고 주연 배우처럼 뜨겁게 열정적으로 살아내야 한다. 자신도 모르는 사이에 사람들이 열광하는 해피엔딩의 주인공이 될 수 있으니까. 🍃

만약 백화점에서 시간을 판다면
우리는 얼마를 지불하고 시간을 살까? 하루도 빠짐없이 눈뜨면
공짜로 24시간이 생기는 일상이 엄청난 선물인 줄
그때서야 알게 되지 않을까.

하루는 28시간입니다

한 예능프로그램에서 가수 박진영이 왜 늘 배기바지만 입느냐는 질문을 받았다. 그는 '시간을 줄이기 위해'라고 답했다. '시간이 늘 부족하다. 하루 중 여기저기서 몇 초, 몇 분씩 아껴 모으면 시간을 좀 더 만들어 쓸 수 있다.'는 것이다. YG 양현석 대표도 모자를 왜 늘 쓰냐는 질문에 같은 얘기를 했다. '머리 손질 시간을 아끼려고.'

이 이야기를 들은 내 지인은 한마디로 '거짓말'이라고 한다. 그깟 바지 챙겨 입고 머리 손질하는 데 시간이 걸리면 얼마나 걸린다고 그

렇게 '과장'을 하냐는 거다. 그러나 그 이야기는 결코 과장이 아닌 걸 나는 알 수 있었다.

둘 다 농담처럼 말하기는 하지만 그들의 사고방식을 알 수 있는 대목이기 때문이다. 시간을 대하는 그들 태도의 핵심은 일분일초를 아주 귀중하게 여기는 데 있다. 동일하게 주어진 시간 내에 남들과 다른 무언가를 이루기 위해 그들은 최선을 다하며 살고 있을 것이다. 당장 증명하고 있지 않나. 그들이 얻은 것은 모두들 부러워하는 젊은 날의 성공이다.

나 역시 시간에 대한 강박이 심한 편이다. 대학 시절 아르바이트 때부터 습관이 되었다. 주로 수학 과외로 아르바이트를 하던 나는 근처 엄마들 사이에 소위 '성적 올리는 대학생'으로 소문났다. 공부하지 않는 고등학생을 억지로 공부시키는 데는 '시간'만한 약이 없다. 물론 공부를 하겠다는 마음, 동기기 중요하지만 일단 엉덩이를 의자에 붙이고 앉아 수학 문제를 푸는 '시간의 양'이 더 결정적이라고 난 지금도 생각한다.

그 당시 까칠한 과외선생인 나는 시간을 정해놓고 그 시간 내에 그 문제를 다 풀지 못하면 페널티로 문제집 두세 장을 추가했다. 이러다 보니 문제를 빨리 푸는 학생은 제시간에 수업을 끝내지만 제대로 풀지 못하는 학생은 한정 없이 붙잡혀 있어야 한다. 결국 악에 바친 학생은 혼신을 다해 집중하게 된다. 아무튼 다 해야 놓여날 수 있으니 말이다. 두 페이지를 더 풀어야 하는 악몽을 꾸지 않기 위해 아이들은 나름 잠재능력까지 발휘한다. 지금처럼 과외나 학원이 과목별로 연달아 계속되지 않는 시절이었으니 이 방법이 가능했을지도 모른다. 아무튼 이 원칙 때문에 나의 과외수업은 '시간의 양'으로 시작해 집중할 수밖에 없는 '시간의 질'로 긍정적인 결론을 맺게 된다. 어디 수학 과외에서만 적용되랴. 사회에 나와서도 양적으로 시간을 투자해야 하는 일, 질적으로 시간을 집중해야 하는 일들은 적용 범위가 매우 다양하다.

한정된 시간을 어떻게 쪼개 써야 하냐는 질문은 누구에게나 평생을 두고 계속되는 숙제다. 회사생활에서 밤낮 없는 야근, 특근이라는 소리는 듣기조차 진부하다. 그저 아침부터 늦은 밤까지 일하는 생활이 일상이라고 여기며 사는 샐러리맨들이 대부분이다. 땡 하면 퇴근하는 땡돌이, 땡순이는 사실 희망사항이지 현실에서는 그리 많지 않다. 삶 자체가 회사생활이고 개인생활은 없다는 푸념이 드문 일도 아니다. 주 52시간, 48시간을 국가가 아무리 이야기해도 실제 현장과는 괴리가 크다.

그러나 그런 여유 없는 삶 속에서도 시간을 쪼개고 아껴 새로운 시간을 만들어내는 분량은 개개인의 욕망과 비례한다. 일본에서 브랜드를 론칭하기 시작했을 때 일이다. 나는 일본어를 거의 못했다. 사실 관심도 없었다. 특별히 일본어를 공부한 것은 회사 연수원에 자의반 타의반으로 잠깐 끌려 들어갔던 것이 전부였다. 그러나 일본 파트너들을 만났을 때 통역을 거치는 언어가 얼마나 일을 방해하는지 절감했다.

일본에서 유학생활을 한 전공자들을 통역으로 세우긴 했지만 내가 말하고, 그들이 통역해서 파트너가 알아듣고, 같은 방식으로 파트너의 얘기를 전해 듣는 일이 성격 급한 나로서는 곤욕이었다. 한사람을 건너 대화를 한다는 것은 마치 김빠진 맥주를 마시는 것처럼 맛도 없고 재미도 없었다. 뉘앙스가 제대로 전달되었는지 신경 쓰이고, 내 기분을 제대로 전하고 싶어 오버액션도 계속해야 하는 것이 피곤했다. 그래서 일본어 공부를 시작했다.

시간이 없으니 아침 7시 수업을 수강했다. 목표는 최대한 빨리 일본사람과 의사소통이 가능해지는 것. 일단 주5회 수업시간만이라도 빠지지 않는 것이 목표이다. 따로 공부할 시간 없으니 단어장은 회사 책상, 집 식탁, 침대 머리맡, 화장실 등 늘어놓고, 단어가 눈에 띌 때마다 중얼댄다.

매일 늦은 밤까지 일하는 나로서는 새벽 학원이 쉬울 리 없었다. 어떤 날은 회사 앞 술집에서 새벽 2시까지 회식을 하다가 새벽 7시 같은 건물 학원에서 수업을 듣고 있는 나, 이렇게 살다 죽는 게 아닌가 한 적도 있었다. 그러나 하루 중 억지로 고정시킨 그 시간 덕분에 8개월 후 론칭 기념식 때 나는 실무 대표로서 일본어로 인사말을 직접 할 수 있었다. 지독하게 시간을 쥐어짜낸 결과였다. 시간이 없어 못한다는 말은 대부분 거짓말이다. 하고 싶지 않을 수는 있어도, 시간이 없어 못하는 경우는 동서고금을 막론하고 거의 없다.

마른 수건에 물 짜낸다는 소리가 있다. 아무것도 없는데서 무언가 만들어내야 할 때 흔히 쓴다. 시간이 없는 사람은 마치 마른 수건에서

물 짜내듯이 시간에 집착해서 같은 시간 동안 보다 많은 것을 하기 원한다. 목욕탕에 들어가면 양치질을 하며 세면대, 욕조, 거울을 뭐든 닥치는 대로 닦는다. 별도로 시간 내서 청소하기 싫으니까. 찌개 올리고, 밥 안치고 음식이 조리되는 동안 인터넷 검색한다. 아니면 리포트를 뒤진다. 그래서 내 노트북은 늘 주방 식탁 위에 있다.

나는 혼자 운전하는 시간이 좋다. 유일한 혼자만의 공간을 즐길 수 있기 때문이다. 운전하면서 음악을 듣고 노래를 한다. 자동차 안에 있으면 특별히 시간을 내서 쉬고 있는 착각이 들 때가 많다. 분명 운전을 하고 있는데도 그 순간이 '하루 종일 수고했어. 혼자 잠시 놀아.'라고 누군가 선심 쓰듯 공짜로 시간을 던져준 것 같은 생각이 든다. 그런 느낌을 최대한 즐긴다. 금쪽같은 내 시간이니 말이다.

시간을 아끼면 새로운 시간이 창조되고, 열정으로 시간을 쏟아 부으면 기적이 만들어진다. 비틀즈는 무명시절 독일 함부르크 어느 허름한 클럽에서 매일 8시간씩 연주했다고 한다. 게다가 이 연주는 매주 하루도 빠짐없이 7일씩 총 4년 1200여 회의 공연으로 이어졌다. 이렇게 집중적으로 퍼부은 시간들이 결국 그들을 세계적인 뮤지션으로 만들었다. 시간이 없어 이도 저도 못한다는 것은 난센스다. 시간은 고무줄 같아서 잡아당기는 대로 늘어난다. 지나치게 당기면 결국 끊어지기도 한다는 사실이 약점이기는 하다.

하루에 몇 시간을 더 쓸 수 있다는 건 기적 같은 선물이다. 그러나 그 선물은 원하는 사람에게만 주어진다. '나는 28시간으로 살겠어.'라고 결심하는 순간 거짓말처럼 하루는 28시간으로 늘어난다. 물론 시간을 쪼개는 일은 누구에게나 피곤한 작업이다. 그러나 만약 백화점에서 시간을 판다고 하면 우리는 대체 얼마를 지불하고 시간을 살까? 생일이나 밸런타인데이 때도 초콜릿 대신 시간을 선물할 수 있겠다.

　아마 우리는 돈 주고 산 시간은 더 귀중하게 아낄지도 모를 일이다. 하루도 빠짐없이 눈뜨면 공짜로 24시간이 생기는 일상이 엄청난 선물인 줄 그때서야 알게 되지 않을까. 🅂

이제 남의 비난이나 칭찬에 의연하고 싶다.

실패를 두려워하지 않으리라 마음먹는다.

비난도 칭찬도 결국엔 사라진다. 지난날의 실패와 나의 부족함은 세월과

버무려져 함께 숙성되고 발효되어 간다.

남의 생각에 목숨 걸기

최순실 사건으로 나라가 쑥대밭이었던 당시 조금 과장하면 전 국
민이 패닉 상태였다. 매일 비상식적이고 비윤리적인 기사가 무더기
로 쏟아졌다. 처음에는 어머 어머 하다가 나중에는 더 심한 얘기가 나
와도 그런가 보다 할 만큼 무뎌졌다.

매일 정치권을 쥐락펴락했던 높은 양반들이 줄줄이 감옥행인 걸
보며 우리는 고위층의 부패와 타락, 소신 없음에 비분강개했다. 그러
나 어느 날 예배시간에 목사님께서 '우리 중 어느 누구도 그 사람들

위치라면 똑같이 생각하고 행동하지 않으리라는 확신이 없다.'라고 하신다. '그럴까? 그래도 그렇지 그런 비리를 시킨다고 저지를까?' 생각은 그래도 절대 아니다 라고 하기는 뭔가 석연치 않다.

우리는 얼마나 우리 자신의 판단대로 살고 있는가. 한국 최고의 권력에서 바닥으로 추락한 그들이다. 수의에, 포승줄에, 헝클어진 머리로 사진을 찍힐 줄 그들 자신이 꿈에라도 생각한 적 있겠는가? TV 속 그 사람들을 당당히 손가락질할 수 있는 사람은 또 누구인가?

나 역시 곰곰이 생각해 보니 확신이 없다. 내가 살아 온 세월을 뒤돌아보면 더욱 그렇다. 나는 항상 남이 어떻게 생각할까를 중요한 가치로 생각하며 살아왔다. 이런 고백도 막상 하니 참 마음이 아프다. 예를 들어 회사생활을 하며 연말 인사고과, 승진, 나에 대한 평판에 늘 주목했다. 인사고과는 성적표니 당연히 좋아야 하고, 정기 승진 말고 무조건 특진에 집요하게 매달렸다. 내체 그때 왜 그랬는지 지금 생각하면 한심할 뿐이다. 나에 대한 평판은 늘 극과 극으로 갈렸다. '일 잘하는' '그러나 성질 더러운' 정도였을까. 어느 쪽에 더 비중을 두느냐 정도의 차이지 까칠하고, 욱하고, 물불 안 가리는 성격 때문에 윗사람이고 아랫사람이고 여럿 피곤하게 했다.

나는 막무가내의 열정으로 일했다. 부하직원을 사랑하며 일을 하는 것하고 도구로 생각하고 일하는 것과는 천지차이다. 그를 도구로 쓰지 마라. 이것이 올바른 직장생활의 기본 원칙이다. 그러나 돌이켜 보면 정말 그 원칙에 충실했다는 자신이 없다. 이유는 늘 시선이 남들에게, 그것도 특히 내게 영향력을 행사할 수 있는 윗사람에게 향해 있었기 때문이다.

간부로 막 진급해 사기가 하늘을 찌를 듯 충천해 있을 무렵, 모시던 간부 때문에 취미생활까지 다 바꾸었다. 누가 시킨 것도 아니다. 이거 야말로 자발성 그 자체였다. 토요일마다 등산을 하자는 상사, 시도 때도 없이 번개 술 모임에 열광하던 상사, 무조건 늦은 밤까지 책상을 붙들고 앉아 있어야 제대로 일한다고 생각하는 상사도 있다. 특히 그런 상사는 술 마시다 사무실로 늦은 밤 전화한다. 그 전화 받는 직원은 유능한 직원으로 낙점이다. 정말 구시대적이지만 아직도 이러한 행태는 대부분의 회사에서 먹힌다.

싫다는 부하직원들을 쥐어박아가며 등산복을 단체로 맞추고, 언제 모일지 모르는 '아무 때나' 회식으로 개인적인 저녁약속은 아예 잡지도 않았다. 개인적인 저녁약속이 없으니 일부러라도 일을 만들어 회사에 야근을 밥 먹듯 하던 시절이 오랫동안 계속되었다. 그 덕분에 직장생활 잘하는 유능한 사람으로 남들에게 인정받았으니 나 역시 그렇게 사는 것이 '정답'이라고 확신했다.

아마 직급이 올라갈수록 이러한 남의 눈, 평판, 윗사람 취향 맞추기가 더욱 노련해지지 않았나 싶다. 내가 모시던 한 임원(J라고 하자)은 매우 까다롭고 최고급 취향 그 자체의 인물이었다. 워낙 세계 각국을 다니며 보는 것, 아는 것이 많은데다 감각이 세련된 분이었다.

회사 생활 중 상사를 모시고 일하며 주눅이 드는 건 처음 겪는 일이었다. 그전에야 단정하고 나름 센스 있다고 내 스타일에 자신 있었지만 그 분을 모시게 된 이후는 '아주 촌스러운 아줌마'가 된 느낌이었다. 어떤 명품 브랜드를 아예 모른다거나, 강남의 핫한 식당에 가본 적도 없다는 것, 그리고 지금 그 차림새로 사무실에 있다는 것은 바로 '무능'함을 보여주는 것이라는 압박감이 날 힘들게 했다.

　내가 무슨 된장녀도 아닌데 월급쟁이로는 무리해서 명품을 들고, 입고, 사 날랐다. 그러면서 '이건 투자야, 나를 변화시키는 거야.'라고 나 스스로를 합리화시키고 독려했다. 지금 생각해 보면 도대체 자존 감이라고는 없이 그저 다른 사람 취향 맞추기에 골병들고 있던 시절 이었다.

　〈직장의 신〉이라는 드라마가 있었다. 일본 드라마의 리메이크 버 전. 주인공이 거의 원더우먼 수준의 해결사인데 드라마 전반적인 분 위기가 과장되고 코믹하다. 내가 좋아하는 배우 김혜수가 주인공이 라는 애기에 팬으로서 걱정스러웠다. 그녀의 아름다움, 카리스마 이 런 것들이 무너질까 봐. 나 같은 사람이 많았는지 한 프로그램에서 〈직장의 신〉 속 코믹 연기가 부담스럽지 않느냐는 질문을 했다.

　"촬영할 때 창피할 짬이 없고요, 드라마를 선택한 것은 배우의 몫이 니까."

　"개인적인 것을 따지고 할 필요가 없죠. 연기를 하면서는."

　역시 그녀답다. 쿨 하다. 멋진 여자. 주인공도 나고, 선택한 것도 나 라면 남의 생각을 의식할 필요가 없다. 그러나 우리 사회는 이렇게 자 신의 생각으로 또렷하게 살고 행동하는 예는 별로 없다. 유감스럽게 도 대부분의 인생 자체가 남에게 보여주기 위해서라고 해도 지나치지 않다.

살면서 악착같이 아파트 평수를 넓히고 자동차를 바꾸는 것도 자신들만을 위해서는 아니다. 남의 눈이 무섭다. 자신들만을 위해서라면 대출이자나 자동차 할부금을 그렇게 무리할 이유가 없다. 아이를 낳고 키우기 시작하면 '남의 평판' 기준이 아이 성적으로 옮겨간다. 온갖 사교육으로 뺑뺑이를 돌리고 지쳐 버린 아이에게 부모가 원하는 건 저 집 아이보다 월등한 성적이다. 말로는 공부해서 남 주니? 라고 하지만 실제 부모의 마음은 공부해서 자기가 갖겠다는 심보다. 아이의 성적이 부모의 프라이드라는 웃지 못할 현실이다.

'남들 눈'이 무서워 이혼도 못하는 쇼윈도 부부들이 많다. 비단 연예인 부부만이 아니다. 남의 생각 때문에 나의 행복을 포기하는 대표 사례. 내 선배 중 한 커플은 부모의 유산 때문에 이혼하지 못한다. 부모님은 '남들 눈이 무서워서' 자식의 이혼을 땅과 건물이라는 미끼로 막았다. 둘은 대표 쇼윈도 부부다. 행복보다는 부모의 돈이 더 좋다는 것도 유감스럽지만 남의 생각에 행복을 저당 잡힌 그들이 안쓰럽다.

자기 인생에 대해 심드렁한 사람은 별로 없다. 다들 행복해지고 싶고, 그러기 위해 노력한다. 타인의 생각이 중요한 것도 내 행복과 관계있기 때문이다. 타인에게 남루해 보인다면 행복하지 않기 때문에 그렇다. 타인에게 불행해 보인다면 가치 없는 인생으로 느껴질까 봐 더욱 그렇다. 그러나 언제나 중요한 건 나 자신이다. 나를 위한 나의 생각에 집중하는 법을 다시 기억해내야 할 때이다. 자기 스스로에 대한 체계적이고 구체적인 인식 없이 효과적인 '내 생각 지키기'는 불가능하다.

그러나 남의 생각에 내 목숨 걸기가 꼭 나쁜 것만은 아닐 때도 많다. J를 모시고 도쿄로 출장 간 때였다. 하루는 그곳에 사는 지인들의 초대로 도쿄에서 유명한 바에 갔다. 함께 출장 간 직원들은 빠지고 나 혼자 J를 모시고 동석했다. 문제는 지인들이 한두 명을 제외하고 외국인들이라 영어를 해야 하는 상황이다. 오마이 갓! 일본어도 아니고 영어? 영어로 메일은 보낸다. 영자신문도 가끔 읽는다. 그러나 단지 그것뿐이다. 말을 하라니? 나는 너무 당황했다. 외국 사람이랑 얘기해 본 적이 언제였던가? 대학 시절? 무역을 하는 것도 아니고, 외국 사람을 상대할 일은 전혀 없었는데 말이다. 그래도 대충 알아듣기는 한다. 간간히 웃음으로 화답할 수밖에 없었다. 아주 간단한 기본 대화만을 나누며 나는 정신이 하나도 없었다. 너무 창피하고 얼굴 새빨개지게 민망했다. J께서는 나를 매우 유능한 사람이라 소개했는데 유능한 직원이 영어로 대화가 안 되다니 이게 웬 국제적으로 회사 망신이냐 이 말이다.

한국으로 돌아와 당장 영어학원에 등록했다. 다니던 일본어 학원은 저녁시간으로 옮겼다. 없는 시간을 쥐어짜낸 만큼 효과적인 외국인 일대일 수업을 들었다. 학원에서 내 나이가 제일 많다. 진작 좀 할걸. 이 나이에 이 무슨 추태란 말인가. 그러나 '영어도 못하는'이라는 수식어가 나에 대한 '아쉬운 점'으로 작용할 테니 앗 뜨거워라 싶어 그때처럼 열심히 공부했던 적도 없었다.

덕분에 2년 후 일본 파트너사의 행사에 참석했을 때는 싱가포르, 홍콩 지사에서 온 외국인들과 자연스럽게 리셉션을 즐길 수 있었다. 상사의 생각이 무서워 무진 고생 뒤의 낙(樂)이었다고나 할까.

남의 생각에 목숨 거는 것도 일단 일정한 기준이 있다. 남이 나를 어떻게 보느냐의 기준대로 움직이더라도 그것이 과연 내가 원하는 바와 일치하느냐는 거다. 그리고 내게도 행복한 일인지 내 마음속에서 울리는 진심을 들어야 한다. 남의 생각대로 움직여 내가 불행하고 망가진다면 그처럼 어리석은 일은 없다. 그러나 우리는 종종 그런 짓을 저지르며 산다.

마흔아홉인 나는 이제 남의 비난이나 칭찬에 의연하고 싶다. 실패를 두려워하지 않으리라 마음먹는다. 비난도 칭찬도 결국엔 사라진다. 지난날의 실패와 나의 부족함은 세월과 버무려져 함께 숙성되고 발효되어 간다. 결국 이것이 지혜가 되어 오롯이 스스로를 성숙시키는 내가 되고 싶다.

목표에 빨리 도달하는 것이 중요한 게 아니다.
한 단계씩 올라갈 때 행복하게 가느냐가
더 중요하다는 사실을 퇴직하고 나서야 알았으니
이 얼마나 비극적인 뒷북인가.

산전수전, 공중전 회사 9단

　누구나 매일이 처음인 인생이다. 새롭다. 그래서 늘 실수한다. '일 감옥'에 기꺼이 종신형을 자처한 까닭은 한동안 가졌던 그것만이 '구원'이라는 어리석은 생각 때문이다. 마치 경주마가 앞만 보고 달리듯 왜 달리는지, 어디로 달리는지도 모르고 미친 듯이 뛰기만 한 직장인이 어디 나 하나뿐이겠는가.
　나는 목표를 향해 인내심이 강하고 집요하고, 성격이 아주 급하다. 다른 사람들이 못마땅하다. 스스로에게도 남에게도 온통 채찍뿐이다.

현대 사회에 잘 맞는 듯이 보이지만 근본적으로 아주 위험한 스타일이다. 나 같은 사람이 늘 겪게 되는 실수는 목표에 빨리 도달하는 것만이 중요하다고 생각하는 것이다. 한 단계씩 올라갈 때 행복하며 가느냐가 더 중요하다는 사실을 퇴직하고 나서야 알았으니 이 얼마나 비극적인 뒷북이냔 말이다.

생각해 보면 '행복하며' 직장생활을 하지 못한 대목은 내가 '여자'라는 이유가 많은 부분을 차지했다. 세상이 많이 변하고는 있지만 직장에서 여자라 오히려 유리하다는 건 직장생활을 잘 몰라서 하는 막말이다. 사회는 여전히 남자들의 리그전이다. 기본적으로 여자와 남자는 다른 감성, 언어, 신체 구조를 가지고 있기 때문에 의사 관철 능력 자체가 다르다.

예를 들어, 남자 위주의 회사는 자기주장을 분명하게 하는 것을 불편하게 여긴다. 허심탄회하게 얘기해 보자는 상사를 말 그대로 받아들여서는 안 된다. '제 생각에는'으로 시작하는 솔직한 비판이 가해졌다가는 이후 분위기를 감당 못하게 되기 십상이다. 혈기왕성한 시절 내가 가장 손해 많이 본 대목이다. 진심이 제일 잘 통한다는 말도 직장생활의 쓴맛 제대로 한번 보면 다시는 못한다. 누울 자리를 보고 발을 뻗듯 언어 선택을 신중하게 해야 한다.

누구에게나 왜 그때는 그렇게 했을까 라고 후회되는 지나간 세월이 있게 마련이다. 나에게는 혈기왕성한 젊은 시절이 특히 그렇다. 한 사람만 집요하게 괴롭히는 팀장이 있었다. 물론 나의 직속상관이다. 업무의 질과는 상관없이 무조건 윽박지르고 보는 타입이었다. 불행히도 '한 놈만 팬다.'는 팀장의 그 '한 놈'이 내가 되었다. 회의시간에 보고하면 간단하게 해라, 짧게 하면 왜 그렇게 성의가 없냐, 회사생활 거저먹자는 거냐고 한다. 내일 아침까지 보고하라는 지시는 전날 밤 퇴근 직전이 기본이었다.

보고가 끝나기도 전 결재서류를 무협영화처럼 날리는 팀장에 대해 나의 항의는 단지 입을 빼물고 눈도 마주치지 않고 삐져 있는 거였다. 지금 같으면 내가 받는 부당한 대우에 대해 진심으로 얘기하며 도움을 청했을 텐데 말이다. 그때는 남자들이 별 욕을 다 먹으면서도 참 잘 지내는 게 신기했다. 그게 룰이고 생존법칙이라는 것을 어렸을 때는 잘 모르지 않았나 싶다.

회의 때 보면 각각의 캐릭터가 제대로 표현된다. 여자가 취약한 부분은 회의시간에 감정을 잘 드러낸다는 거다. 일반적으로 그렇다. 불필요한 접속사를 많이 사용한다거나 어린애 같은 말투도 주로 여자들이 하는 실수 중 하나이다.

욕먹는다고 사표 쓰는 남자는 못 봤다. 언제 그런 일이 있었냐는 듯 씩씩하다. 여자는 욕먹으면 운다. 퉁퉁 부은 채 화장실을 전세 낸다. 상사한테 욕먹은 일 반나절 만에 동네방네 소문내는 건 주로 여직원이다. 이런 약점만 정신 차려 피해 가도 여자는 직장에서 반드시 이길 수 있다. 이십 년 넘게 피눈물 나게 직장생활 해본 나, 여자가 하는 얘기니 대부분 맞는 이야기다.

어쩜 그렇게 넌 한결 같으냐는 소리가 기분 좋은 곳은 초등학교 동창회뿐이다. 회사에서 늘 똑같으면 진급에서 누락되든지, 명퇴를 하든지 진상 소리를 들어야 한다. 시간이 지남에 따라 해야 하는 역할이 달라진다. 신속하게 직원이라는 '제품'은 업그레이드가 되어야 한다. 대리 시절에는 눈썹이 휘날리고, 발에 땀나도록 현장에서 불철주야 뛰어다녀야 하고, 과장이 되면 중견간부에 적합하도록 위아래 조직을 자연스럽게 연결하는 고리가 되어야 한다. 부장과 임원의 차이도 분명히 있다. 시야가 넓어지고, 역할의 폭도 커지는 것이 중요하다. 임원이 되어서 실무에 일일이 참견하느라 숲을 보지 못한다면 얼마 못 가 짐을 싸야 하는 비극이 벌어진다.

예전 직장 생활 중 깐깐하고 꼼꼼하기로 소문난 임원이 계셨다. S대 출신에 엘리트 코스를 정석으로 밟아온 그는 승승장구했다. 그러나 그에게 고칠 수 없는 병이 있었으니 처음부터 끝까지 본인이 아주 작은 일까지 손수 챙겨야 하는 성격 문제였다. 백화점에서 빅 이벤트가 있을 때에도 해외에서 날아온 바이어보다는 휴지통 위치가 더 중요했다. 하나를 보면 열을 안다고 힐난하면 할 말 없지만, 행사는 차치하고 쓰레기통 위치에 더 신경 쓰는 임원은 암울하다. 그 분의 결말은 상상에 맡긴다.

술자리도 근무시간의 연장이다. 진정한 회사 생활은 퇴근 그 이후부터 시작이라고 철썩같이 믿는 선배가 있었다. 일 잘한다는 얘기는 10년 넘는 근속 기간 중 단 한 번도 없었으나 '잘 논다.' 한 가지로 꿋꿋하게 직장생활을 버텼다. 회사에 단합이 필요한 장소마다 마치 초대가수처럼 불려 다녔다. 그 선배가 한번 휩쓸고 지나간 자리는 흥이 넘치고 술이 범람했다. 노래방에서 넘치는 끼를 주체 못해 테이블 위에 올라가 헤드뱅잉Head Banging을 하다 스피커에 부딪쳐 이마가 찢어지고 나서야 밤마다 남의 팀 회식장소에 돌아다니는 습관을 마무리 지었다.

세월이 지나감에 따라 직장문화도 많이 바뀌게 마련이다. 요즘은 상상도 할 수 없는 일이지만 불과 20년 전만해도 군대 비슷한 문화가 꽤 상존해 있었다. 예전에 다혈질 본부장 한 분이 계셨다. 아직도 그분은 선배들 사이에서는 전설로 내려온다. 그는 회의시간 마음에 들지 않는 후배 직원을 향해 온갖 육두문자를 일단 날렸다. 그것으로도 분이 안 풀려 웅장하고 거대한 회의실 탁자 위로 직접 붕 뛰어올라가 그 얄미운 후배 직원의 턱을 날렸다.

그래도 회의실 안에서 모든 상황이 마무리되고 폭력의 비밀이 지켜지는 것은 90년대가 마지막이었다. 그분은 후배사원 진치 8주의 진단서에도 굳건히 직장생활을 이어나갔다. 그리고 명예롭게 퇴직하여 지금은 유기농 우유 도매상을 하신다. 드라마 〈응답하라〉 시리즈는 그래서 인기가 있는지도 모른다. 그런 회의시간을 그리워하는 선배들 때문에 말이다.

이에 반해 절대 바뀌지 않는 직장문화가 훨씬 많다. 쉽게 말해 앞으로도 바뀌지 않을 문화와 원칙을 회사 안에서 지키는 것이야 말로 회사 9단의 기본자세다. 우선 상사가 듣고 싶은 말을 생각해 보자. 아부를 하라는 말이 아니다. 회사에서 근무할 때 지구상에서 가장 성격 급한 나는 일단 짧은 보고서, 결론부터 나오는 보고서를 좋아했다. 조금이라도 말이 질질 늘어나면 '하고 싶은 이야기가 뭐야? 결론이 뭐야? 대안은 있어?'라고 묻는다. 속 터지는 건 매번 동일한 직원한테 그 말을 하고 있다는 거다. 몇 번 들었으면 알아들을 만도 한데 계속 그렇게 하는 데는 이유가 있다. 상사 스타일을 파악할 노력이 없는 거다. 상대방이 듣고 싶은 말을 해야 한다. 그것이 커뮤니케이션 스킬이다. 이제 리더십leadership 시대는 끝났다. 팔로우십followship 시대다.

내공을 쌓은 적을 만나면 빗맞아도 중상이다. 운 없이 고수를 몰라보고 까불다가는 설맞아 사망하는 수가 생긴다. 그러니 상사의 스타일을 완전히 파악하는 것에서부터 현명한 직장생활의 전략을 짜야 한다. 회사에서 내공은 없고 근속년수만 있는 상사를 모시는 일은 재앙에 가깝다. 그러나 어쩔 건가 직장생활이 곧 수행인 것을. 샐러리맨 20년에 공중부양도 여럿 했다지 아마.

산전수전 공중전을 겪은 회사 9단이 추천하는 회사생활 잘하는 법은 아주 심플하다. 험담하지 않는다. 벽에도 귀가 있는 법. 칭찬은 미친 상사도 춤추게 한다. 정직하고 진심으로 일해야 한다. 일찍 출근하고 언제나 밝은 표정만 해도 반은 먹고 들어간다. 너무나 단순하지만 실제로는 지키기 어려운 고수의 비법이다. 🖋

지금 그 일에서 한발 물러나 있다고 해서
꿈이 사라지지는 않는다.
오늘도 그 꿈 때문에 다시 시작하고 싶다.

세계의 브랜드와 사랑에 빠지다

매력 있는 비즈니스 중 대표적인 아이템이 외식 업종이다. 내가 예전에 근무하던 백화점에서는 여러 아이템의 외식 브랜드를 가지고 있다. 사실 그 브랜드로 영업이익을 얻기보다는 백화점 고객들에게 뭔가 트렌디 한 경험이나 즐거움을 주는 데 주목적이 있다. 대부분의 백화점들이 패션 매장 못지않게 식품과 레스토랑 브랜드에 공을 들이는 이유도 다 그 때문이다. 나는 백화점 외식 사업본부의 책임자였고, 늘 새롭고 다른 아이템을 찾는 데 골몰해야 했다.

회사에서는 2012년 일본에서 외식 브랜드를 론칭하는 쪽으로 사업 방향이 잡혔다. 한식 브랜드를 도쿄와 뉴욕에 수출한다는 중장기 전략이 세워져 있었던 터라 일본 현지 시장조사가 집중적으로 이루어지고 있던 때였다. 인터내셔널 브랜드 론칭 과정을 통해 브랜드 수출 노하우를 쌓고 전문 인력을 키운다는 것이 무엇보다 큰 목적이었다. 브랜드를 내보내기 전 일단 들여오는 것으로 시작한다는 결정에 반발하는 내부 의견도 있었지만, 첫 단계는 브랜드를 수입하는 것으로 결정되었다.

브랜드를 조사하며 담당 임원과 팀원들은 많은 토론을 거쳤다. 원칙은 첫째 로열티 문제에서 절대 무리수를 두지 않는다. 둘째 한식 브랜드 수출이라는 명제를 전제한 사전작업이라는 점이었다. 조사의 조사를 거쳐 브랜드는 두 개로 결정되었다. 라면 브랜드인 〈잇푸도〉一風堂와 카레 브랜드 〈도쿄 하야시라이스〉東京ハヤシライス. 같은 일본 브랜드이면서도 두 회사는 너무도 다른 스타일이었다.

일단 도쿄 하야시라이스. 대표인 이시이 히로하루石井宏冶씨는 자수성가한 기업가의 표본이었다. 카레는 그의 외식 브랜드 중 가장 작은 것이고, 메인은 꼬치구이를 비롯한 이자까야 브랜드만 수십 개다. 브랜드 수입 제안을 위해 그의 회사를 찾아갔을 때 그는 반바지 차림으로 우리를 맞았다. 키 작은 50대 동네 아저씨 분위기의 그와 완벽한 정장 차림의 우리가 마주 앉았다. 아직은 어색하게 도쿄 날씨 얘기며, 음식 얘기를 시작하려는 우리에게 그는 의외의 얘기를 꺼냈다.

비록 반바지 차림이지만 정색을 하며 무릎을 붙이고 자세를 고친 그는 '사업 이야기를 하기에 앞서 먼저 사과하겠다.'라고 했다. 그의 사과 요지는 이렇다. '지난 날 일본이 한국에 저지른 나쁜 일을 용서해 달라. 선친께서 한국인을 만나면 맨 먼저 사과부터 하고 다음 일을 하라고 가르치셨다.' 우리는 그에게 꽤 신선한 충격을 받았다. 그리고 이런 사람들이라면 함께 성공할 수 있겠다는 자신감까지 붙었다. 이후에도 이시이 대표는 그 확신을 계속 지킬 수 있게 한 좋은 파트너였다.

거의 로열티 없이 시작했다. 가능했던 이유는 도쿄 하야시라이스가 한국에서 고객들에게 사랑받는 브랜드가 되는 것이 중요하다는 대표이사의 사고방식 때문이었다. 한국에서 외식 브랜드가 로열티까지 주어가며 이익을 내기 쉽지 않을 것을 그도 이미 알고 있었다. 안정적인 이익이 나면 그때 다시 얘기하자며 그는 드럼 연습하러 갔다. 곧 공연이 있다고 했다. 친구들과 바에서 공연을 한다나. 그 회사 문화는 참 특이했다. 카레 레시피와 콘셉트, 캐릭터를 그대로 유지하는 선에서 한국 자율에 맡긴다는 그들의 결정 때문에 우리는 오히려 더 그 브랜드의 이미지를 제대로 지켜내는 데 힘을 다했다.

'레스토랑 비즈니스는 즐겁게 해야 하는 것, 놀면서 해야 성공할 수 있는 것'이라는 그 기업정신이 기존 우리들의 '무조건 열심히' 문화를 다시 생각하게 했다. 카레 기술보다 더 중요한 바를 배운 셈이다.

이에 반해 일본 라멘 브랜드인 잇푸도는 전혀 다른 기업문화를 가지고 있었다. 도쿄 하야시라이스가 재미있게 일해서 성공한 기업이라면 잇푸도는 '불가능은 없다, 하면 된다, 우리는 세계 최고의 기업'이라는 프라이드가 넘치는 회사였다. 다른 의견은 있을 수 없다. 창업자의 말이 곧 법인 회사인지라 뭐든 군대 뺨치는 명령복종과 무조건적인 원칙들로 경직된 분위기였다. 그러다 보니 타협이나 절충안이 없어 오픈하면서 우리는 꽤 힘들었다.

설상가상이라는 말은 이럴 때 쓰는 것이리라. 그렇지 않아도 그들의 마초적인 분위기에 슬슬 질려갈 무렵, 본격 오픈을 위한 실무팀이 한국으로 들어왔다. 세계 각국의 오픈 담당들이다. 그들은 소위 현장에서 잔뼈가 굵어 핵심 자리까지 오른 전문가들이니 융통성이라고는 약에 쓰려 해도 없을 지경이었다. 더군다나 한국 쪽 책임자가 여자라 사실 당황스러웠단다. 뭐라고? 가지가지 한다.

일단 현장에서 일할 리더들과의 기싸움에서 눌리고 나면 상황은 더욱 어려워질 것은 뻔한 것. '오늘 한번 제대로.'라는 나의 신호에 내 스태프들은 무슨 상황이 벌어질지 이미 알고 있었다. 한국의 유명 아귀찜 가게. 그 안에서 펼쳐질 술의 향연. 한국에서 주도酒道는 원샷이라는 지엄한 원칙을 지키며 폭풍 같은 한일 간의 단합대회가 시작되었다.

쌓여가는 술병만큼 한국에 대한, 또 일본에 대한 서로의 이해와 관심은 깊어갔다. 그리고 여자가 책임자라 당황스럽다는 바다 건너온 님들의 불안은 하룻밤 안에 불식시킬 수 있었다. 먼동이 터올 때까지 우리들의 신사업에 대한 격정적인 토론이 계속되어 가능한 일이다. 게다가 다함께 마시고 너희는 장렬하게 전사요, 나는 출근하러 회사로 가면 이젠 믿어도 좋겠지? 여자 책임자. 까불지 말란 말이다.

인터내셔널 브랜드는 매력적이다. 외식업의 경우는 더욱 그렇다. 왜냐하면 적은 돈으로 그 나라의 문화와 맛을 직접 체험하고 즐길 수 있기 때문이다. 서민들이 월급이 적어도, 아이들 사교육비에 아파트 대출금에 허리가 휘어 지쳐갈 때 가끔씩 가벼운 마음으로 즐기기에 적잖이 위로가 된다.

해외여행을 가지 않더라도 뉴요커가 되어 보고, 샹제리제 거리를 걷는 기분을 느낄 수 있는 공간이 요즘은 많다. 분당의 정자동 카페 골목만 하더라도 일 년 전과 딴판으로 변했다. 근사한 프랑스식 노천 카페가 즐비하다. 유명한 프랑스 베이커리 브랜드가 오픈해 아무 때나 본토 크루아상을 따끈하고 바삭하게 즐긴다. 한 블록만 지나가면 이탈리아 뒷골목 맛집 거리 같은 기분도 누릴 수 있다. 휴일이면 여행 나온듯한 느긋함이 거리를 감싼다.

머지않은 미래에 이루고 싶은 내 꿈은 한식이 다른 나라에서 그런 문화 체험의 도구로 이용되는 것이다. 사실 지금까지 많은 한식 브랜드가 해외로 진출했다. 그중에는 여전히 영업을 하는 매장도 있고 실패한 매장도 부지기수이다. 단지 한식을 팔고 그럭저럭 운영된다고 해서 성공은 아니다. 가장 한국적인 문화, 그 아름다움, 경이로운 한식의 맛을 그 나라 사람들의 정서에 맞춰 선보이는 것이 간절히 해내고 싶은 내 꿈이다.

다른 나라의 브랜드를 공부하고 사랑에 빠질 때조차 한식 수출이라는 명제를 계속 대입시키곤 했다. 금방이라도 한식 브랜드를 세계 여러 도시에 깃발 꽂는 상상을 했다. 가장 가슴 떨렸던 건 사찰음식, 그 외에도 떡갈비, 도가니탕, 제주 돔베고기, 진주냉면. 하룻밤에도 수많은 브랜드를 오픈하고 해외 사람들이 열광하는 꿈을 무던히도 꾸던 시절이었다.

지금 그 일에서 한발 물러나 있다고 해서 꿈이 사라지지는 않는다. 오늘도 나는 그 꿈 때문에 다시 시작하고 싶다. 내가 타국 브랜드와 그랬듯 한식 브랜드와 사랑에 빠지는 그들을 볼 때까지. 얼마나 경이로운가. 🍃

운 좋게 그룹에서 여성 최초 임원이라는 타이틀을 거머쥐고
한없이 기고만장한 시절이었다.
바로 코앞에 닥친 인생의 쓰나미를 눈치 채지 못한
아주 짧고 행복한 시간이었던 셈이다.

여성 최초 임원이 되다

나는 애경그룹 최초 여성 임원이 되었다. 물론 총수 일가의 임원진을 제외하고 일반 직원으로서 진급 루트를 밟아 올라간 경우를 기준으로 할 때 얘기다. 애경그룹은 다른 기업에 비해 여성 임원 발탁이 꽤 늦는다는 평가를 받을 만큼 보수적인 회사였다. 하지만 회사에서는 나의 임원 진급에 대해 매우 호의적이었다. 남자 선배들이 줄줄이 탈락하고 승진 적체가 걸려 있는 상황에서 나이도 제일 어린데다 부장 연차도 짧은 나를 임원 발탁한다는 것은 경영진에게도 사실 부담

스러웠을 것이다. 그러나 이제는 애경에서도 여성 임원이 나와야 할 시기라는 분위기와 타이밍이 나에겐 꽤 운 좋게 작용했다. 부장도 특진으로 선배들의 탄식을 밟고 올라선 나로서는 임원 진급이 지뢰밭처럼 불편한 것도 사실이었다. 그러나 문을 발견했을 때는 무조건 두드려 열어야 한다. 그렇지 않아도 뒤숭숭한 연말. 애경그룹의 임원 인사가 발표되었다. 유세미 상무. 애경 그룹의 최초 여성 임원. 내 인생에서 첫 번째 목표를 이룬 순간이었다.

예전에 딸에게 유아원 선생님이 물었다. "엄마는 무슨 일하시니?" "빵집이요." 다음 해 유치원에 입학한 딸에게 선생님이 물었다. "엄마 무슨 일하시니?" "피자집이요. 지난번엔 불고기였는데, 이번에 바뀌었어요."

베이커리를 론칭할 때면 팀원들은 하루 종일 빵 애기만 하고, 빵만 처다보고, 빵만 먹는다. 그리고 빵을 싸들고 집으로 간다. 밤중에도 빵을 먹으며 빵 자료를 뒤져댄다. 그런 즈음이면 우리 딸은 아, 엄마가 빵장사를 시작했구나 한다. 그리고 본인의 의견을 내민다. '이건 맛이 업쩌.' '곰돌이는 업쩌?' 혀짜래기소리 하는 딸내미의 의견에 따라 실제 곰돌이 빵을 출시하기도 했다. 여러 가지 브랜드를 계속 개발하는 전략은 직원들을 골병들게 한다. 외식업이 주 업종이 아니고 백화점의 경쟁력을 높이는 수단으로 사용되기 때문에 외식은 그야말로 노래 잘하고 춤 잘 추는 '보조' 역할에 충실해야 한다.

아이들은 엄마가 회사 다니는 사람이라고만 알고 있었다. 그것도 아주 바쁘고 고생하는 사람. 생일카드에 초등학생 시절 딸애가 '세상에서 제일 고생하는 울 엄마'라고 써서 당황했던 적이 있었다. 딸아이는 엄마가 새벽에 나가 한밤중에 들어와 지는 모습만 보았다. 성공이라느니 어쩔 수 없는 선택이니 하는 갈등은 아이와 아무 상관없는 일이지 않은가. 엄마가 함께 있으면 좋겠는데 필요할 때 없다는 그 자체로 엄마는 '아웃' 감이다. 집에서는 엄마로서 취약하고 회사에서는 여자라 취약한 이중고가 바로 나였다.

여자는 조직의 룰에 어쩔 수 없이 취약하다. 대표적인 예로 팀워크보다는 개인기가 우선이다. 무조건 골을 넣는 것이 목표다. 혼자 미친 듯이 골대를 향해 뛴다. 팀워크가 좋을 리 없다. 팀원이나 감독까지 모두 어이없어한다. 힘들면 중도에 혼자 퇴장한다. 남자는 경기 중 퇴장하는 일이 드물다. 전력이 딸려서 끌려 나오기 전까지는 끝까지 버티는 거다. 여기서 갈린다. 힘든 경기 중 개인 사정으로 퇴장하느냐마느냐. 여자는 힘들면 대부분 퇴장한다. 그래서 기업에 여자 임원이드물다. 내가 퇴장하지 않은 이유는 무엇이었을까. 지금 생각해 보면 8할이 오기가 아니었을까 싶다. 직장 환경은 나의 오기를 항상 북돋웠다.

회사마다 다양한 연수 프로그램이 있다. 연수원에 들어가서도 지금으로부터 20년 전에는 몇 백 명 중 나 혼자 여자인 경우가 대부분이었다. 운동장만한 방을 혼자 쓰는 호사를 누렸다. 한번은 우연히 나말고 다른 여자 경력 직원이 스카우트되는 바람에 모처럼 여자 동료가 생긴 적이 있었다. 내가 스물여덟이었을 때다. 계열사별로 모였으니 200명 정도 교육을 받았다.

　어느 날 나 외에 유일한 그 여자 경력 직원이 길길이 뛰며 불만을 제기했다. 연수원장에게 직접 따지겠단다. 연수원 진행요원들은 '얘 왜 이러니?' 라는 표정으로 지켜볼 뿐이다. 자초지종을 듣고 보니 세상에! 거의 전원이 남자 연수원생들뿐이니 연수기간 중 여자인 당신은 스커트를 입지 말라고 했다나! 20년 전 삼성연수원에서 벌어진 실화다. 지금에서야 웃으면서 들을 수 있는 난센스지만 당시엔 정말 충격적인 사건이었다. 결국 그 경력 여사원은 연수 기간 내내 바지만 입었다. 얼마나 여자들이 조직 속에 살아남기가 어려운 시기였는지 알 만하지 않은가. 스커트를 입는 것이 회사 악이 되는 시절이었다. 그런 속에서 나는 참으로 씩씩하게 버텼다.

　조직 안에서 어이없는 일은 시리즈로 일어나기 마련이다. 회사는 팀워크가 무엇보다 중요하다. 남자들의 주요 테마가 '먹고 싶어 먹는 술이 아니라 일 때문에 할 수 없이 먹는 술'인 점을 감안할 때 술은 바로 회사의 필요악이라고 우겨도 할 말이 없다. 맞는 말이다. 우리는 사흘 도리로 단합을 위해 술을 마시고 노래를 불렀다. 넥타이를 머리에 매는 건 유치한 수준이고, 연예계에 데뷔해도 무리가 없을 만큼 노는 일에도 전력을 다했다. 그것도 능력이라니 일단 잘하고 볼 일이다.

　한동안 나 역시 한밤중의 유흥이 평탄한 직장생활에 도움이 된다고 믿는 사람이었다. 그러나 유감스럽게도 여자라는 이유로 황당한 경우가 종종 있다. 회사 전체 팀장들 회식이 있는 날. 우리는 한정 없이 술을 들이 부으며 우리가 남이가! 를 외친다. 아무리 현실이 어려워도 포탄 터지는 전쟁터의 전우애를 불태운다. 다들 서로를 위해 대신 총이라도 맞을 듯한 비장감이 감돌 무렵 유일한 여자 팀장인 나만 달랑 빼놓고 남자들끼리 2차 술집으로 몰려간다.

으쌰으쌰 전우애 운운하며 여자 도우미들을 끼고 형님동생하며 놀아 보자는 거다. 이럴 때는 알아서 빠져줘야지 하는 눈빛이 아주 노골적이다. 처음에는 어이없어 비분강개했지만 나중에는 그래봐야 나만 손해인 줄 알아채고 아주 시니컬하게 변해갔다. 그렇게 여자는 어렵다. 남자를 위한 조직 속에서는 쉬운 일보다는 어려운 일이 백 배 쯤 된다.

여자라서 백배쯤 어려운 일을 헤쳐 나가는 동안 나는 나만의 살아남는 법을 배우고 있었다. 남자들보다 딱 열배쯤 효율을 내도록 일하는 것이다. 이를 가능하게 하는 몇 가지 방법 중에 가장 대표적인 것은 한 번에 한 가지만 집중하고 나머지는 무시해치우는 습관이다.

회사에는 늘 많은 일이 있다. 문제는 어차피 생겼는데 아주 나 혼자 책상에 머리박고 걱정 잔치를 벌인다. 초대된 게스트들은 근심과 염려, 자책, 불안, 공포, 자기비하, 원망이다. 다양한 모습의 이 게스트들은 내가 벌인 잔치에 판을 벌여 놓은 채 갈 생각을 하지 않는다. '난 왜 이 모양이지 프레젠테이션을 해도 통과되지 않으면 어떻게 할까? 매출이 엉망이면 뒷일은 어떻게 감당하나, 직원들이 실수하면 어떡하지? 공사 중에 문제라도 생기면 오픈 일을 못 맞출 텐데.' 나의 걱정 잔치는 끝이 없다. 강제로 게스트들을 내보내는 수밖에 없는데 말처럼 쉽지 않다.

그럴 때 머리를 일단 단순하게 비우려고 노력한다. 그리고 가장 우선순위에 있는 일 하나를 집어내 해결이 날 때까지 끝장을 본다. 그러는 도중에는 나머지 일에 대해 신경 쓰지 않는다. 걱정 잔치에서 게스트들이 퇴장하는 순간이다. 이른바 몰입운영이다. 동일한 시간 내에 최대한의 성과가 있어야 직장생활에서는 이겨나갈 수 있다. 이론적으로는 간단하지만 실제 엄청난 훈련이 필요하다.

나는 직장생활 처음부터 목표가 임원이었다. 당연하다고 생각했다. 중간에 독립해서 닭을 튀기거나 피자를 굽는 일은 애초에 내 계획에 없었다. 자영업자는 체질적으로 맞지 않는다고 생각했다. 기업 CEO가 되는 내 꿈에 한발 다가선 것이다. 누군가와 맞서 싸워 이긴다는 것, 내가 꿈꾸던 일을 이룬다는 것, 남들은 불가능하다고 비웃는 일을 담담히 이루어 낸다는 것, 그게 '나'라고 생각했다.

그래야 '나답다.'고 생각했다. 세상을 사는 의미가 그런 거 아니냐고, 남들처럼 똑같이 사는 건 재미없지 않느냐고 세상 무서운 줄 몰랐다. 운 좋게 그룹에서 여성 최초 임원이라는 타이틀을 거머쥐고 한없이 기고만장한 시절이었다. 바로 코앞에 닥친 인생의 쓰나미를 눈치채지 못한 아주 짧고 행복한 시간이었던 셈이다. 🐚

PART 3

시련은 인생의
위대한 스승이다

다시 시작하자. 백번쯤 잘못되어도 다시 백한 번째를
시작하지 않으면 그 이전 백번이 너무 억울하지 않은가.
내 의사와는 전혀 관계없이 '실업자'가 된 첫날
나는 그렇게 내 마음을 혼자 위로했다.

기승전, 그리고 실패

　입구에 놓아둔 가마솥은 하얀 김을 뜨겁게 내뿜는다. 아직 12시가
되려면 30분이나 남았는데 이미 줄 선 손님들은 스무 명이 넘어 보인
다. 메뉴가 딱 쇠고기국밥 한가지인 이 허름한 식당은 이런 풍경만으
로도 분위기를 압도한다. 대전 사람이라면 모두 안다는 국밥집. 퇴직
을 결정하고 대전 지사에 들렀다. 싸라기눈이 겨울바람을 타고 내렸
다 그쳤다 반복하는 맵게 추운 날에 국밥은 참 어울리는 메뉴이다. 뜨
끈한 뚝배기에 부글부글 끓어 넘치는 국밥. 맑은 양지국물에 달콤한

대파랑 푹 무른 무 조각. 국밥이 내게 말을 건다. 밥을 말아서 한 수저 가득 입에 넣으니 '괜찮다. 괜찮다.' 또 한 숟갈 푹. '괜찮다. 다 잘 될 거다. 지금까지 잘해 왔잖아.' 국밥의 위로였다.

백화점을 그만둘 때만 해도 몇 달이 지나면 아들의 병이 많이 호전 되리라 생각했다. 20년 넘게 청춘을 바쳐 일한 직장인데 일말의 미련 도 없이 사직서를 던져 버릴 수 있었다. 왜냐하면 몇 달 동안 집중해 서 아이를 돌보고 완쾌되면 바로 다시 사회로 복귀할 수 있을 것이라 자신했기 때문이다. 일을 떠난 나의 인생은 생각할 수도 없었기 때문 에 단순히 '보류' 개념이었다. 백화점 사직 후 아이와 보낸 시간들. 불 과 2개월 만에 나는 나의 판단이 뭔가 잘못되었다는 것을 깨달았다. 이 증상은 몇 달 바짝 치료한다고 좋아지는 병증이 아니다. 내 아이한 테조차 최소한의 시간 투자로 최대한의 실리를 얻으려 한 내가 한심 해졌다.

때마침 알고 지내던 지인이 본인의 사업체를 투자회사에 매각하 려는 계획을 진행 중이었다. 단 이틀 만에 P브랜드에 합류하기로 결 정한 것은 순전히 나의 이기심 때문이었다. 실제 사직을 하고 2개월 을 병원과 집에서 꼼짝 않고 있어 보니 없던 병도 내게 생길 판이었 다. 전신이 쑤시고, 혈액순환이 안 되고, 늘 머리가 띵했다. 사람들마 다 아이 간호 때문에 힘들어서 그렇다고 하는데 실제 그것은 일을 하 지 못해서 생긴 병임을 나 자신은 알고 있었다. 두 달 만에 다시 일할 거면 회사는 왜 그만두었냐고 울분을 터뜨리는 남편을 뒤로한 채 나는 성급히 새로운 일을 시작했다.

P브랜드에서 내 역할은 회사를 제대로 포장하는 일이었다. 작은 가게로 시작해 반듯한 중소기업으로 회사를 키운 대표가 참 대단해 보였다. 그러나 작은 업체이다 보니 거칠고 서툰 면들이 많았다. 더군다나 초창기부터 대표와 함께 고생한 직원들의 태도는 거의 거대한 벽에 가까웠다. 대표처럼 오너십이 너무 강하다 못해 외부에서 유입된 인력에 대해 터부시하는 태도는 모든 일에서 효율을 떨어뜨렸다. 임원으로 입사한 나에게도 다르지 않았다.

'얘들아. 무슨 중국 무협극 찍니? 지금 이곳은 음모와 칼날이 난무하는 전쟁터가 아니란다. 참 나.'

쓴웃음이 절로 나지만 현실은 현실이었다. 가장 기본적인 직원교육부터 시작해 인사, 마케팅, 운영, 영업, 관리에 이르기까지 한꺼번에 손댈 곳이 너무 많아 눈이 핑핑 돌 지경이었다. 손댈 때마다 '아니 되옵니다.'를 외치는 간부 직원들을 설득하는 것에 지치지만, 그래도 회사 모양새가 갖춰지는 것을 보면서 나는 점점 회사와 사랑에 빠지기 시작했다.

지금 뒤돌아 생각해 보면 어떻게든 나의 실력을 보여주고 말겠다는 허세가 작렬했던 시기였다. 정말 회사를 위한 열정이었을까? 전국 지사를 일주일 내에 싹 털어가며 현장에서 살다시피 했다. 지방 출장에 하루 10시간 운전하는 직원을 독려하며 어느 새인가 또 일중독에 걸린 나 자신으로 돌아가고 있었다.

아주 솔직히 마음을 들여다보면 회사에 대한 열정만은 아니었다.

단지 집안일 때문에 주저앉은 슈퍼우먼이 되고 싶지 않았고, 잠시나마 걱정스러운 아들 문제에서 도피하고픈 마음이 본질이었다. 그 욕심에 점점 가속도가 붙어갔다.

기존의 관습이란 무서운 것이다. 그들은 도대체 바꾸려고 하지 않는다. 아무리 밀어붙여도 해결이 나지 않았다. 나의 고민은 점점 깊어져만 갔다. 마치 시한폭탄을 앞에 두고 버튼 누르는 일만 남았다고 하면 과장일까? 회사의 위험요소를 뒤져 수면위로 끄집어낸 것이 결국 도화선이 되었다.

대기업에서는 위험관리risk management를 최우선으로 한다. 그러나 중소기업에서는 거기까지 미리 대응하기 쉽지 않다. 대기업 임원 출신이 중소기업에 적응하기 어려운 점 중에 이것이 가장 크다. 배운 대로, 일한 대로 적용하기란 거의 불가능하기 때문이다.

끊임없는 문제 제기와 개혁 방안을 들이미니 그동안 믿어주던 대표도 점점 지쳐가고, 어느새 급속도로 나와의 관계가 소원해지기 이르렀다. 결국 10개월 만에 회사 매각은 완료되고, 아쉽지만 나는 깨끗이 손 털고 회사를 나와야 했다.

퇴직하는 날 나는 삼성동 코엑스 근처에서 혼자 커피를 마셨다. 대낮에 아무 것도 할 일 없는 날이 내 인생에 단 한번이라도 있었나? 신기해서 비실비실 웃음이 나온다. 지금 죽으면 조서에 뭐라고 쓰나? 무직? 가정주부? 책은 펴놓은 채 멍하니 커피숍에서 사람들을 바라본다. 가족들에게는 뭐라고 얘기하나. 암담하다. 갑자기 모르는 세상에 붕 떠버린 느낌으로 한나절을 앉아 있었다. 그 와중에 내일 출근 안 해도 된다고 생각하니 그건 좋았다.

만일 삶도 게임이라면 똑같은 라운드를 다시 시도할 수 있어 좋을 것 같다. 치열하게 일하고 원 없이 고생하고 다시 원점으로 돌아온 이때 P브랜드의 10개월이라는 라운드를 게임마냥 다시 시작해 볼 수 있다면 좀 더 너그럽게 하지 않을까 하는 후회를 했다. 그렇게 밀어붙이는 게 아니었는데, 좀 더 다독이며 천천히 갔어야 하는데 말이다.

내가 최선을 다했던 그것이 아무 것도 아닐 수 있다는 사실이 당황스러웠다. 그러나 새로운 내 인생을 위해서 잠깐 손해 보더라도 일단 멈춰서 보자. 그리고 다시 시작하자. 백번쯤 잘못되어도 다시 백한 번째를 시작하지 않으면 그 이전 백번이 너무 억울하지 않은가 말이다. 앞으로 시간도 기회도 얼마든지 있지 않은가. 10년 후가 더 기대되는 내가 되려면 오늘 이 마무리를 정성껏 해야 한다. 내 의사와는 전혀 관계없이 '실업자'가 된 첫날 나는 그렇게 내 마음을 혼자 위로했다.

엘버트 허바드Elbert Hubbard는 '상처를 이겨내는 것은 더 이상 그것을 숨기지 않는다는 것을 말한다. 부끄러워할 일이 아니다. 삶에서 아무런 문제도 가지고 있지 않는 사람은 이미 인생이란 경기에서 제외된 사람이다.'라고 했다.

위로가 된다. 명백한 실패도 그 문제는 인생이라는 라운드를 열심히 뛰고 있는 증거인 셈이다. 상처 때문에 생긴 원망조차 고마움으로 바뀌기까지 시간이 걸릴 뿐 상처는 이겨낼 수 있고 아물기 마련이다. 지금 확실한 건 아무것도 없다. 우리 애들이 좋아하는 핫케이크를 만들어 줄 때처럼 밀가루에 우유와 계란, 버터를 넣으면 걸쭉해진다는 정도로만이라도 확실하면 얼마나 좋겠는가. 실패한 이후의 미래는 단 한치 앞도 예상할 수가 없다. 그래서 가슴 한 쪽이 저릿하게 불안하다.

인생이 항상 기승전결로 흘러가지는 않는다. 하지만 기승전으로 잘나가다 막판에 실패가 되는 건 당황스럽다. 이럴 때 인생에 대해 배신감을 느낀다. 얼마나 열심히 살았는데, 더 이상 뭘 어떻게 할 수 있었을까. 여기가 내 최선이었다고 눈물로 고백할 때도 결과가 좋지 않으면 그 눈물은 아무 의미가 없다.

그러나 인생에 실패할 수 있는 유일한 방법은 '포기'라고 한다. 포기만 하지 않으면 결론이 실패로 끝나지 않는다는 이야기렸다. 기승전 이후 실패가 한번 오더라도 다시 기승전으로 시작하면 된다. 마지막 '결'이 그토록 원하는 '승勝'이 될 때까지 말이다. 🌿

예전에는 내 발밑만 쳐다보느라 몰랐다.
아무리 힘들어도 버티며 꿈을 이루어가는 사람들이
이렇게 많다는 사실을 말이다. 단지 현재 잠깐 멈추어 있다고
지칠 일이 아니고, 포기할 일은 더군다나 아니다.

버틸 것인가, 포기할 것인가

　실업인정 1일째. 내 앞에 앉아 있는 공무원은 실업자의 자격과 행동지침에 대해 친절하게 설명한다. 초등학생도 다 알 수 있게 자세히, 쉽게 또 한 번씩 반복한다. '알아들었네, 이 사람아. 그만하게.' 이유 없이 속이 배배 꼬인다. 일을 완전히 그만두고부터 생긴 증상이다. 말만 들어봤지 실직한 후 이런 경험은 처음이다. 처음에는 쭈뼛거리며 들어간 고용보험센터였으나 이내 이것저것 참 흥미롭다. 실업인정 신청서를 적으며 둘러보니 실업자들은 왜 이리 많은가? 직장 다닐 때

는 남의 일이던 실업률이 아주 피부에 와닿는다. 나이든 남자들이 대부분인데 20대 젊은이들도 꽤 있다. 한쪽에서 젊은 여자가 조그만 얼굴을 모자와 검은 마스크로 완전 무장한 채 뭔가 적고 있다. 영락없는 은행 강도 코스프레다. 실업급여 수령하는 모양새인데 그게 굉장히 부끄러운 일인가 보다. 얼굴을 저렇게 가릴 것까지야 원.

미국 드라마 〈캐슬〉Castle에서 범인은 주인공이 총을 겨누자 멋지게 한마디 한다. '총을 가진 사람이 강한 게 아니라 힘을 가진 사람이 강한 거야.' 힘이 없어진 나의 휴대폰이 하루아침에 조용해졌다. 가끔은 고장 아닌가 싶어 전화가 울리지 않아도 한 번씩 들여다볼 정도다. 예전에는 전화가 스트레스였다. 온갖 단체 SNS가 회사의 부서별, 주제별 묶음을 필두로 대학동문, 동아리동기, 교회모임 등등 많기도 했다. 일반 문자까지 하루 1천개가 넘는 무차별한 메시지, 시도 때도 없는 전화 속에 살았다. 제일 최악은 회사 대표이사의 부재중 전화 메시지 2개 떠 있을 때다. 그 당혹감이란 아는 사람만 안다.

회사를 그만두는 날 업무 관련 모든 단체 SNS를 삭제할 때 속이 다 시원했다. 그러나 얼마 지나지 않아 매출알림에 사건사고 보고까지 휴일이건 한밤중이건 쉬지 않고 울려대는 메시지가 독한 중독인양 그리워지기도 했다.

예전 회사에서 모시던 상사와 커피를 마셨다. 얘기 도중 그가 담배 피우러 잠시 나갈 때 나는 테이블 위에 놓인 핸드폰을 가리키며 "안 가져가세요?"라고 물었다. "괜찮아, 전화 올 데도 없어." 백수답고 쿨하게 돌아온 대답이었다. 그 역시 하루를 48시간으로 쪼개 쓰던 대표선수였다.

아들의 병간호라는 명분은 이십 몇 년 간의 직장생활을 접는 데 있어 참으로 강력한 동기다. 그러나 직장을 그만둔다는 건 오랫동안 사랑하던 애인과 헤어진 슬픔 그 이상일 때가 있다. 그 후유증은 생각보다 아주 오래도록 계속되었다.

나는 오전에 동네 탄천을 따라 가벼운 조깅을 한다. 중간에 대형마트에 들어갔을 때는 아마 매장 오픈을 마친 직후인 듯했다. 식품매장 곳곳에 서 있는 40~50대 아주머니 직원들이 판매준비를 마치고 관리직원의 눈을 피해 모닝커피를 한잔씩 하고 있다. 매장에서 판매사원들이 커피를 마시는 것은 규정에 어긋나는 일이지만 커피와 스릴을 동시에 즐기는 듯 보였다. '저 아주머니들도 직장이 있구나.' 그 광경이 나는 새삼스럽게 부러웠다. 아침에 출근해서 동료들과 가벼운 농담과 함께 커피로 시작하는 하루. 그 소소한 일상이 얼마나 대단한 것인지 그 자리에서 벗어나봐야 제대로 보이고 느낄 수 있다.

평소에는 무관심하던 모든 풍경과 일상, 대부분의 사람들에게 경이를 느끼게 된 것은 일을 그만둔 이후 내게 생긴 작은 변화이다. 딸아이와 동네 병원에 들어갔다. 예순 살쯤 되어 보이는 나이든 간호사가 카운터에 있다. '와, 저 분은 참 늦은 나이에까지 직장이 있구나!' 동네 앞 상가를 걸어가며 다양한 모습을 본다. 자매가 하루도 쉬지 않고 둘이서 꾸려나가는 순대국밥 집, 부인과 함께 프랜차이즈 떡볶이 가게를 알토란같이 운영하는 전직 은행장, 남편의 실직과 병마 때문에 20년 살림만 하다 팔 걷어붙였다는 7080pub 아주머니, 아이들 사교육비를 위해 남편 몰래 김밥가게에서 아르바이트한다는 옆집 애기엄마까지 다들 참 대단하다.

사회의 구석구석 무섭게 성실하고 의지가 강한 사람들이 이렇게 많은 줄 예전에는 미처 몰랐다. 내가 쌓아놓은 성과, 내 울타리 안에 거만하게 가치를 부여하며 살았던 나. 작은 직업과 가게를 과소평가하고 무관심했던 내가 이제는 바라보는 장면마다 감탄이고 부러움의 대상이 된 것은 이 공백기가 내게 준 소중한 선물이다.

이제는 일이 있는 사람들은 누구나 존경의 대상이다. 땀 흘려 돈을 벌고, 직장 스트레스에 시달리는 이들은 축복받은 사람들이다. 내일의 계획과 의무가 있는 이들, 내일 바쁠 예정인 그들이 가슴 찡하게 부럽다. 막 세탁한 정장을 차려입고, 가방을 들고 서둘러 출근하던 나날들. 아침 일찍부터 싸하게 긴장된 회의를 하고, 몇 잔째인지도 모를 커피를 연달아 마시고, 사람들을 만나던 지난날들이 내게 다시 돌아올까? 언제쯤 세상 속으로 돌아갈 수 있을까.

예전에 '뾰족이'라는 별명을 가진 선배가 있었다. 대부분 직원들이 그 선배를 꺼려했다. 도대체 융통성이라고는 없고, 직장상사에게도 밤낮없이 대들어 트러블 메이커계의 대표선수였다. 그러나 들어 보면 틀린 말하는 적은 없다. 옳은 말을 세상에서 가장 기분 나쁘게 표현한다는 것이 그의 문제였다.

결국 퇴사했다. 처음에는 브라질에서 커피를 수입한다고 했다. 망했다. 그 다음엔 수출용 스포츠웨어를 만든다고 했다. 역시 망했다.

기세 넘치게 뾰족하던 그가 점점 뭉툭해졌다. 부인이 공무원이니 망정이지 길바닥으로 나앉을 뻔했다는 고백이 나온 건 3년쯤 지난 어느 날이다. 결국 중소기업체에 늦은 나이에 다시 취직했다. 그러고 나서 개과천선한 그가 중졸 출신 대표이사를 성심으로 모셔 몇 년 만에 회사를 비약적으로 성장시킨 공로자가 됐다.

이제는 뭉툭하다 못해 둥글둥글해진 선배에게 그 성질머리 어디에다 버리고 작은 회사 대표 비위를 맞출 수 있었냐고 물었다.

"회사 작은 게 무슨 대수야. 대표이사 가방끈이 짧은 건 더 존경스럽더라. 난 그동안 뭘 했나 싶어서."

일 년 넘게 공장에서 야전침대에 자고, 김치도 없이 라면 먹으며 버텼단다. 그러고 나니 세상에 힘든 것도, 못할 것도, 무서운 것도 없더라나. 제일 압권은 주머니에 땡전 한 푼 없이 무일푼이 되고 보니 자기 뺀 세상 사람들이 다 훌륭해 보이더란다. 누구에게나 저절로 고개 숙여지게 말이다. 취직된 것이 너무 기뻐 쉰이 넘은 나이에 사무실 청소까지 하고, 본인보다 어린 대표를 지극정성으로 보필하다 보니 회사가 승승장구했다고 한다. 역시 진심을 이기는 비즈니스는 없나 보다. 뼈아프게 어려움 속에서 버텨 얻은 그의 깨달음이 새삼스럽다.

누구나 다 열심히 산다. 그들은 작은 가게 주인으로, 판매원으로, 때로는 영업사원으로서 성실하고, 유능하고, 훌륭하다. 예전에는 내 발밑만 쳐다보느라 몰랐다. 세상에 맞서 아무리 힘들어도 버티며 꿈을 이루어가는 사람들이 이렇게 많다는 사실을 말이다. 단지 현재 잠깐 멈추어 있다고 지칠 일이 아니고, 포기할 일은 더군다나 아니다. 매일매일 작은 노력을 지속적으로 할 수 있다면 얼마든지 꿈꾸던 위대한 일을 이룰 수 있다.

실망하지 말자. 지금이 막바지다. 해뜨기 직전이 제일 어둡다고 하지 않는가 말이다. 당장 눈앞에 아무 계획도, 확신도 없지만 포기하지 않고 버티면 반드시 문을 찾을 수 있다. 열려라 참깨가 아닌 다른 주문을 외워 보련다. 버텨라 오늘!

나를 둘러싼 울타리 중 가장 견고하다고 믿고 기대왔던
'명함'이 없어지는 순간, 발가벗은 내가 햇빛 속에 드러났다.
앞으로 어떤 직업을 다시 갖게 되든
명함이 없어 당황스러운 이 경험이 약이 되어 줄 것이다.

아줌마 경제학

일 년 동안 일을 쉬다 보니 문자에 찍히는 상무님이라는 호칭이 새삼스럽다. 지인들이나 함께 일하던 직원들이 보내는 안부 문자는 상무님으로 시작해서 상무님으로 끝난다. 예전 같으면 너무나 익숙하고 당연하지만 이제는 그저 '아, 옛날이여.' 속 한 대목이라고 할까. 차라리 요즘은 아줌마로서 더 자연스럽다. 아파트 단지에서 만나는 많은 아줌마 중 한 명으로 이미 변신했다. 조만간 몸뻬바지를 입을지도 모른다.

지난번 친구의 점심 초대에 야구 모자를 눌러쓴 채 가벼운 마음으로 나갔다가 그의 거래처 대표가 동석하는 바람에 황당한 적이 있다. 내 친구가 일정이 꼬여 나에게 양해를 구하지 않은 채 합석하게 되었다는 설명이 없었더라면 나의 옷차림 때문에 크게 실례가 될 수 있는 상황이었다. 암튼 우연한 합석일지언정 처음 만나는 성인이 서로에 대한 소개는 피할 수 없는 터이다.

명함을 건네는 그는 고급 가구 브랜드의 대표였고, 본인이 경영하는 브랜드에 대해 애정 어린 소개를 곁들였다. 나는 순간적으로 당황했다. 회사라는 백그라운드 없이 나를 소개해 본 적이 지금까지 없었다. 명함을 받아들고 "저는 유세미라고 합니다." 딱 이 한마디 했다. 내 친구가 이 사람은 예전에 어디 근무했었고, 어쩌고저쩌고 보충 설명을 했지만 그게 대체 무슨 상관이란 말인가.

명함이란 뭘까? 그 명함 뒤에 숨어 진짜 나는 어떻게 생겼는지 나 스스로도 별 관심 없이 지낸 것은 아닐까. 나를 둘러싼 울타리 중 가장 견고하다고 믿고 기대왔던 '명함'이 없어지는 순간, 발가벗은 내가 햇빛 속에 드러났다. 이제는 본질적인 '나'로 살아야 한다. 앞으로 어떤 직업을 다시 갖게 되든 명함이 없어 당황스러운 이 경험이 약이 되어줄 것이다.

아줌마가 된 나는 요즘 늘 대중교통을 이용한다. 혼자 차를 끌고 폼 잡으며 다닐 데도 없을뿐더러 백수에게는 차량유지비도 부담스럽다. 지하철을 타고 다니면 운동도 되고 책도 많이 볼 수 있어 좋다. 사실

이런 건 누구나 다 하는 얘기고, 나 같은 경우 지하철 낯선 사람들을 관찰하는 새로운 취미가 생겨서 좋다.

신분당선 안에서 젊은 남녀의 대화. 여자는 화장을 떡칠한 얼굴로 남자를 사랑스럽게 바라본다. 남자가 여자의 통통한 손을 잡고 마주보며 하는 말 "너 화장 점점 진해진다. 누구한테 잘 보이려고?"(진해지는 정도가 아니라 아예 가부키 화장이구만.) "화장 안 해도 예쁜데 그러다 속눈썹까지 붙이겠다."(이미 붙였거든요, 속눈썹. 아무리 둔해도 붙인 눈썹인 줄 모르겠니?) 다양하고 재미있는 사람 풍경을 바라보는 것은 아줌마가 된 이후 느긋하게 누리게 된 또 다른 즐거움이다.

음식에 대한 습관도 크게 달라졌다. 회사 생활할 때 내가 맡은 사업본부가 외식업을 주로 하다 보니 온갖 식당의 음식을 벤치마킹하는 것이 중요한 업무 중 하나였다. 가장 짧은 시간 내 가장 효율적인 벤치마킹을 위해서는 최대한 많은 음식을 주문해 음식의 포인트를 정확히 체크하는 것이 중요하다. 물론 음식은 대부분 남긴다. 그 당시에 가장 중요한 건 시간이지 음식이 아니었다. 지금 생각해 보면 내가 음식을 상품 아이템으로 만들어 마케팅을 하고 영업을 하면서도 음식 자체의 가치를 존중하는 사람이었나 싶다.

처음으로 집에서 살림하는 여자로 살아보니 파 꽁다리 하나를 아끼게 된다. 음식 남기는 것은 죄악이다. 예를 들어 가까운 일본에서는 우리처럼 음식쓰레기를 많이 만들지 않는다. 음식을 먹는다는 것은 생명을 먹는 일이라 여기는 일본인은 음식을 남기는 데 매우 죄책감을 느낀다고 한다. 집에 있어 보니 이 말이 백번 이해된다.

우리 아파트에는 음식 쓰레기를 버리면 쓰레기통에 장착된 컴퓨터가 그 무게를 알려주는데, 이를 줄이기 위해 나는 온갖 방법을 동원했다. 제일 빠른 방법은 음식을 약간 부족하게 준비하는 거다. 아이들과 남편에게는 '지구한테 미안하지도 않냐.'고 잔소리를 해대며 먹을 만큼만 덜어서 남김없이 먹도록 했다. 급기야 애들 남긴 밥이랑 생선토막 남은 것을 싱크대에 선 채 대충 먹고 있는 내 모습에 남편이 한 소리한다.

"작작 좀 해라."

평생 일하던 습관은 마치 본능처럼 늘 내 생활에 숨어 있다. 식당을 가든지 백화점을 가도 그 매장에 대한 모니터링은 자동 시스템처럼 가동된다. 요즘은 아파트 근처 상가도 모니터링에서 예외일 수 없다. 문제는 '잘했군, 잘못 했군.' 속으로 생각만 해야 하는데 꼭 겉으로 지적질을 하고야 만다는 데 있다.

한겨울에 오픈한 치킨 가게에서 오픈 행사로 튀김 젓가락 세트, 그리고 2,000원 할인쿠폰까지 통 크게 준단다. 미리 날짜를 기억했다가 기어코 치킨을 사오는 것은 알뜰살뜰 아줌마 정신으로 변신한 나를 보여준다. 그러나 한겨울에 매장을 오픈하며 테라스 쪽 조명을 형광등 저리 가라 허연 백색으로 켜놓은 것은 기어코 충고해 주고 만다. 그런데 그 치킨 집 주인이 오픈하느라 돈이 없어 닭 팔아 나중에 조명을 바꾸겠단다. 이보세요. 사장님. 조명을 바꿔야 닭이 더 팔린답니다. 쩝.

떡집을 지나치다 '따뜻한 가래떡 팝니다.'라고 매직으로 찍찍 써놓은 스티로폼 박스를 봤다. 먼지 때가 묻어 아예 시커멓다. 또 못 참는 지적질 발동한다.

"사장님, 스티로폼 박스 깨끗한 걸로 바꾸시면 가래떡 더 팔 수 있어요. 그리고 그 박스에 (그따위로) 글씨 쓰지 마세요. 예쁜 컬러지에다 '따끈따끈' '가래떡 팝니다.'라고 바꿔서 써 붙이세요."

떡집 사장님은 건성으로 고맙다고 한다. 나중에 가 봐도 때가 꼬질꼬질 그대로이다.

꽤 오래된 가게인 것 같은데 왜 눈에 안 띄었을까. 동네 한쪽에 아주 작은 오뎅 집을 발견했다. 자리도 몇 테이블뿐이고 오뎅이 유난히 맛있다. 오뎅에 시시모를 안주삼아 일본 주를 마셨다. 나와 함께 간 동생은 동네에 어떻게 이렇게 제대로 콘셉트를 잡은 오뎅 집이 있느냐며 감탄을 거듭했다.

우리 칭찬에 기분이 좋아진 주인아주머니가 주말 스페셜 메뉴라며 세워놓았던 보드를 자랑삼아 가져온다. 부추전+소주 = 15,000원, 또 다른 스페셜 메뉴는 편육. 헉!

일본 어느 변두리 허름하지만 내공 있는 정통 오뎅 집. 그 가게의 콘셉트이다. 그런데 주말 스페셜이 편육에 부추전이 웬 말인가.

"아줌마, 아니 사장님. 왜 그러셔요. 이건 아니지요. 스페셜 메뉴도 제발 콘셉트 좀 살립시다. 여기 일본 오뎅 집 아니에요?"

주인이 빙그레 웃는다.

"손님이 몰라서 그래요. 주말에는 그런 안주가 있어야 사람들이 좋아하죠."

그러세요. 그대 매장이니 그대 맘이지만. 아, 일하고 싶다. 불꽃처럼 일하던 그날들이 눈물겹게 그립다. 🌱

눈앞이 캄캄할 때 나는 주문처럼 나를 다독이며 얘기했다.
'인생길이 어떻게 오르막만 있겠어? 평지도 있고 내리막도 있고
계곡도 건너야지. 지금 넘어졌다고 죽지 않아.'
아픈 시간을 버텨낸 나의 마법이었다.

괜찮아, 넘어졌다고 죽지 않아

어른이 되기 위해서는 어떤 상처가 얼마나 필요한 걸까.

나는 아들과 딸 두 자녀의 엄마다. 내 인생에 파란을 일으킨 아들의 병마는 비단 나 하나만 흔들어 놓지 않았다. 가정에 환자가 생기면 모든 구성원들이 어떻게든 영향을 받는 것은 어쩔 수 없다. 딸아이의 경우 그 충격이 한참 후에야 심하게 나타났다. 이른바 '착한 아이 증후군'good boy syndrome. 여러 가지 원인이 있겠지만 형제 중에 환자가 있을 경우 다른 형제가 대부분 겪는 증상이다. 온 가족이 아픈 아이에

게만 시간이든, 정신이든 집중되어 있으니 다른 형제가 어쩔 수 없이 소외되는데서 이 증상이 쉽게 생긴다고 한다.

딸은 오빠의 파란만장한 투병생활을 지켜보다 신경성 위염, 식도염을 무섭게 앓았다. 이제는 모범적이라는 이 단어가 제일 무섭다. 하지만 딸아이도 모범적이고 내성적인 학생의 샘플이다. 오빠의 발병 때문에 그 무섭다는 중2병을 유세 떨 기회가 없었다.

본인 입장으로 얘기하자면 칭찬만 받고 공부 잘하던 오빠가 간질도 아닌데 눈 뒤집고 소리 지르며 무서운 발작을 일으켰다. 이 증상은 하루에도 몇 번씩이나 반복되고 수시로 앰뷸런스가 집에 와서 오빠를 실어간다. 엄마는 회사를 때려치우더니 오빠 옆에 붙어버렸다. 집안엔 웃음이 사라지고 늘 엄마의 눈물, 아빠의 침묵, 친척들의 걱정스러운 한숨이 가득하다. 이런 갑작스러운 변화에도 원래 모범적이고 착한 딸은 내색 한번 없이 알아서 척척 학교를 다니고 숙제를 하고 밥을 먹었다. 가슴속에 한 겹씩 한 겹씩 스트레스가 쌓여간다는 것은 본인도 아마 잘 몰랐을 것이다. 그러다 중3 때 갑자기 복통을 호소하더니 일상생활이 불가능한 지경에 이르렀다.

아들이 한참을 들락거리던 대학병원을 이번엔 딸의 손을 붙잡고 들어가는 내 심정은 참 복잡했다. 왜 자꾸 이런 일이 나에게 생기나? 신경성 위염 중증. 식도염 중증. 내시경 사진을 통해 본 딸의 위는 엉망이었다. 얼마나 신경을 긁었으면, 얼마나 스트레스를 속으로 삭혔으면 어린아이 위가 저렇게 상처가 났을까. 의사는 '심한 편'이라고 했다. 가정 문제에 의한 스트레스란다. 가정 문제… 아들 때와 마찬가지로 의사한테 할 말이 없다. 나는 나대로 최선을 다한다고 했는데 결과는 가정을 엉망으로 만들고 있는 한심한 엄마다.

일단 위염에 좋다는 음식을 다 찾아냈다. 양배추 즙, 노루 궁둥이 버섯, 울금까지 종류도 다양하다. 의사가 처방한 양약은 기본이고 한약도 따로 지었다. 그러나 온갖 약을 써도 증세는 전혀 차도가 없었다. 결석이 잦아지고 아이는 가슴을 쥐어뜯으며 방을 데굴데굴 굴렀다. 위가 쥐어짜듯 쓰리고 불붙듯이 아프니 먹는 것도 제대로 먹을 수 없고 잠도 잘 수 없었다. 이 지경이 되니 명랑하던 딸아이의 성격까지 변해 갔다. 수업일수가 부족해 졸업을 할 수 있을까 걱정하는 상황에까지 이르자 나는 두 손 두 발 다 드는 심정이었다.

내 아이들은 둘 다 아파 오전 내내 잠을 자고, 나는 하루 서너 번 시간에 맞춰 온갖 약을 두 아이에게 대령한다. 다른 집 애들은 다 학교에 갈 시간 병에 지쳐 잠든 두 아이를 바라보며 나는 무력하게 지쳐 가고 있었다.

"용기 있게 말해야 해. 말하는 방법은 순서가 있어. 먼저 상황을 설명해. 그리고 네가 느끼고 있는 걸 얘기하고 상대에게 원하는 것을 요청하는 거지. 예를 들어 빌려준 책을 더럽혀 돌려준 친구에게 쟤는 책을 더럽히는 나쁜 놈이라고 평가하는 건 의미 없어. 네게 도움이 되지 않아. '내가 너한테 빌려준 책이 이렇게 더러워져서 기분이 나쁘다. 앞으로는 그러지 않았으면 좋겠어.' 라고 말하면 돼."

용기 있게 말하기 다음 단계로는 마음에 탁 걸리는 일이 있더라도 '어휴. 몰라~ 괜찮아~.'라고 상황을 되도록 마음 편하게 받아들이도록 노력하는 것이란다. 그 다음 단계는 '~지만 ~라서 다행이야.'라고 상황을 긍정적으로 다독이는 훈련이다.

한의사와 딸아이가 상담하는 모습을 옆에서 지켜보며 나도 모르게 속으로 따라 연습해 보고 있었다. 일을 다시 시작해 보려 제안서를 일주일 꼬박 밤새워가며 만들었는데 무기한 홀딩이라는 대답이 돌아오면? '어휴. 몰라~ 괜찮아~ 더 좋은 기회가 생기겠지. 뭐.' 아이가 회복되는 듯하다가 다시 아프다고 하면? '통증이 재발되었지만 학교는 갈수 있어, 다행이야.' 이 공식 은근 중독성 있다. 딸애는 심드렁하게 듣고 있는데 나는 혼자 이것저것 끼워 맞추느라 여념이 없었다.

일을 완전히 놓고 산 지 딱 일 년이 지났다. 교회, 병원, 집, 도서관이 내 활동 반경이다. 이제는 아이들이 거의 회복되어 병원은 드물게 간다. 그래서 너무 좋다. 무엇을 하며 내 인생 후반전을 시작할 거냐는 계획도 살살 부풀어 오른다. 그러나 현실은 만만치 않다. 만만하게 덤볐다가 몇 대 쥐어 박힌 적도 있다. 다시 사회로 컴백하는 게 그렇게 쉽지 않다.

그러나 사람 속도 모르고 언제 다시 일을 시작할 거냐는 전화가 시도 때도 없이 온다. 주로 퇴직했거나 사업하다 실패했거나 둘 중의 하나에 해당하는 지인들이다.

"제 일생에 가장 힘든 시간인 것 같습니다."(지나고 보면 꼭 그렇지도 않느니라.) "일 시작하시면 꼭 불러 주십시오."(너 내 사업부에 있는 게 악

몽이라고 했다던데.) "치킨이 낫겠어? 피자가 좋을까?"(선배님은 사업 안 하시는 게 돈 버는 겁니다.)

그중에 직장에 있을 때부터 자영업에 무한한 꿈을 꾸던 후배 P가 있었다. 자료를 모으고, 쉬는 날 이러저러한 아르바이트까지 경험삼아 해보며 차근차근 준비를 해나갔다. 퇴직하고 양가 부모님의 도움을 어렵게 받아내 그가 시작한 건 수제 맥주 펍. 결론부터 얘기하면 일 년 만에 투자금을 모두 날렸다. 맥주를 배우고 만들며 그렇게 행복할 수가 없었단다. 온라인 마케팅에 사활을 걸며 열심히 영업했으나 가격 저항이 만만치 않았다. 손님이 없으니 매장에서 직접 만든 맥주를 버리게 되고, 악순환이 거듭된 상황이었다.

"실패할 거라곤 꿈에도 생각지 않았어요. 매일 성공하는 꿈만 꾸었거든요. 부모님 뵐 면목도 없고, 아내 얼굴도 못 보겠고, 딱 죽었으면 좋겠어요."

그동안 고생한 흔적을 고스란히 보여주듯 거칠어진 그의 손등 위로 눈물이 툭툭 떨어진다. 아직 젊지 않은가 말이다. 오늘 그 실패가 실패로 끝나지 않는다. 성공하고 싶으면 어차피 예방주사 맞는 일처럼 거쳐야 하는 아픔이었다고 생각해라. 다 괜찮다. 한번 넘어졌다고 죽지 않아. 얘기를 하다 보니 젊다는 것만 빼고는 내가 나에게 하는 소리가 아닌가 싶었다.

전체 일생을 놓고 보자면 누구나 행복도 고만고만, 불행도 도토리 키 재기만큼 비등비등하다. 누구는 초년 운이 좋네, 하관이 좋아 말년 운이 대박일세, 하는 말도 일생 행복 총량의 법칙을 어느 정도 감안한 이야기다. 그렇게 따지면 오늘 힘든 건 미리 맞는 매쯤으로 치부해 버리면 좀 위로가 된다.

실패하더라도, 한 번 졌다고 머리 싸매고 누워 앓지는 말자. 곰곰이 따지고 보면 그렇게 하늘 무너질 일 아니다. 지독하게 상처 입을 일도 아니다. 딱 그 순간만 그렇게 느끼는 거지, 지나고 보면 아무것도 아닌 것처럼 생각될 수도 있다.

나는 힘들 때 나 자신을 참 많이 위로했다. 나 스스로를 응원하거나 위로 하는 데는 크게 돈도 들지 않는다. 내 아이들이 아프고, 직장도 잃고, 통장은 비어가고, 앞으로 어떻게 해야 할지 눈앞이 캄캄할 때 나는 주문처럼 나를 다독이며 얘기했다.

'인생길이 어떻게 오르막만 있겠어? 평지도 있고 내리막도 있고 계곡도 건너야지. 괜찮아. 지금 넘어졌다고 죽지 않아.'

넘어져서 울던 내 안의 내가 거짓말처럼 다시 일어선다. 그리고 툭툭 흙 묻은 옷을 털고, 쓱쓱 눈물을 닦고 다시 걸어간다. 힘을 내자고 중얼대며. 아픈 시간을 버텨낸 나의 마법이었다. 🐾

내게 닥친 상황과 자기 자신을 회피하지 않는 것이
내 자존감을 지킬 수 있는 방법이다. 그래야 상처가 가벼울 수 있다.
그리고 나서야 내가 더 단단해진다.

가볍게 상처받고 더 단단해지기

"그게 을의 태도냐고. 완전히 갑이라고. 백화점에 입점하겠다는 태
도가 아니라고…"

처음에는 못 알아들었다. '내 얘기야, 그거? 진짜?'

20년 지기 내 지인은 나보다 스무 살이나 많지만 누구보다 말이 잘
통하는 사람이다. 한국에서 누구나 알아주는 디자이너인 그녀. 다니
던 회사를 그만두고 독립을 꿈꾸는 딸과 함께 라이프스타일 브랜드
를 새롭게 론칭하려고 준비 중이다.

때마침 내가 쉬고 있으니 L백화점 입점 프레젠테이션을 도와달라는 연락이 왔다. 기꺼이 준비하고 실무자들을 만나 미팅을 마치고 난 후 나온 얘기에 나는 당황했다. 나의 태도가 백화점 사람들에게 자칫 부담스러울 거라는 우려다. 이게 뭔 귀신 씻나락 까먹는 소리? 그녀를 백화점에 소개해 준 모 중소기업 사장의 의견이란다. 내 지인이 많이 완화해서 말한 게 그 정도이니 제대로 전해 들었으면 '지가 무슨 아직도 백화점 상무인 줄 아나 봐. 실무팀장 앞에서 그렇게 전문적인 얘기를 해가며 잘난 척을 하면 어떻게 해?' 정도가 아니었지 싶다.

기분 나쁘기보다는 아차 싶었다. 내가 더 이상 백화점 사람이 아니라는 사실을 현장에서 잠시 잊었던 듯하다. 그래도 그렇지, 백화점 입점하려면 귀 옆에 두 손 모아 연신 딸랑딸랑 아부를 해야 하나? 자세히 의견을 제시하며 효율적인 회의를 해야지. 난 백화점에 있을 때 내용도 모르며 무조건 아부만 하는 입점 제안자들은 별로던데 말이다.

그렇게 다 내려놓았다고 선언하고, 나 자신이 죽었다 싶을 만큼 겪었는데도 천성은 변하지 않는가 보다. 현장에 가면 피가 갑자기 뜨거워지는 걸 느낀다. 일을 보면 어떻게 해야 할지 머리에 그리며 그 일이 미친 듯이 하고 싶어지는 나는 실무형 인간이다.

이러한 지적질을 계기로 나는 더욱 겸손하게 보이려 노력하는 중이다. 사실 일부러 겸손하지 않더라도 상황이 겸손할 수밖에 없는 나 아닌가. 아들이 기적적으로 치유되며 대학에 들어간 때를 기점으로 나는 몸과 마음이 많이 자유로워졌다. 그러다 보니 더욱더 일을 하고 싶은 열망이 마음속에 용암처럼 부글부글 거리고 있음을 느낀다. 실제 앞으로 무슨 일을 하며 살아야 하나 타진도 했다. 그러나 느낀 점은 '세상이 만만치 않다.'

이제 나이도 있다 보니 나에게 손을 내미는 사람들은 예전부터 알고 지내던 중소기업 대표들이다. 그들의 공통점은 20~30년간 소위 한 우물을 파서 자수성가한 사람들이라는 사실이다. 한 분야에서 나름 성공을 거둔 사람들은 대부분 남의 이야기를 듣지 않는다. 자신의 생각대로 걸어온 길이 옳다는 것을 증명한 사람들이기 때문에 다른 의견을 받아들이기 쉽지 않다. 그들이 내게 원하는 것은 비용과 리스크를 최소화시킨 조건으로 이익을 실현할 그 무언가를 제시하는 것이다. 쉽게 말해서 '대기업에서만 쭉 있었던 사람이 사고 치면 대형이다. 일단 뭘 잘하는지 검증해 보고 내게 이익이 되면 손잡을 것'이 그들이 감추어 둔 진실이다.

이런 상황 때문에 몇 번 크게 상처를 입었다. 운영과 마케팅 기획까지 다 완성된 이후에 엎어진 프로젝트, 브랜드와 패키지 제안까지 끝낸 상태에서 백지화 된 일까지 있다. 의욕에 차서 시작했던 짧은 시도들은 그렇게 마음에 패잔감 만을 남기고 끝났다.

늘 대기업 조직 안에서 보호받고 있었구나. 우물 안 개구리였다고 자백하기는 싫지만 아주 큰 우물 속에 살아왔던 것을 부인할 수 없다. 세상은 생각보다 만만찮고 험하다. 그들은 100% 확신이 없으면 투자건 마음이건 국물도 없다. 상대가 나에게 이익을 줄 수 있는지 동물적 감각으로 판단하고 치열하게 싸운다. 세상이 그렇다.

나는 회사에 있을 때 100% 확신이 있는 프로젝트에만 투자했나? 설사 돈이 안 된다 하더라도 윗선에서 지시하거나 마음에 든다고 하면 그대로 밀어붙이지 않았나? 내가 전적으로 책임지지 않는 프로젝트에 과연 최선을 다했나? 악착같이 자기 것을 지키는 저 CEO들처럼 나도 회사에서 그런 마음이었을까? 멀리 떨어져 있어 봐야 더 잘 보인다는 말이 맞다. 내 전부인양 붙들고 있었던 회사를 놓고 나니 그동안의 일들이 드라마처럼 내 기억을 흘러간다. 내가 어떤 마음으로 그 일들을 해나갔는지 새삼스럽게 미안함과 후회가 뒤섞여 마음속을 헤집는다.

회사라는 거대 조직에서 떨어져 나와 혼자 지내니 전화 기피증이 생겼다. 더군다나 아들과 딸이 차례로 만만치 않은 병치레를 하니 그 치다꺼리는 쉽지 않았다. 그러다 보니 나는 점점 피폐해지고 스스로 고립되어 갔다. 오죽하면 동창들에게 유세미 이민 갔다는 소문까지 날 지경이었다. 통화를 하거나 아예 대면해서 사람을 만나는 일들이 힘들어져 거의 일 년을 인간관계를 끊고 지냈다. 핑계도 웬만큼 있고, 사실 아이들 곁을 잠시도 비울 수 없다는 것만큼 나 자신을 합리화할 수 있는 게 달리 뭐가 있겠는가.

전화가 오면 제대로 받지도 않다가 나중에 전화를 피치 못하게 못 받은 양 문자로 사과하기도 했다. 그러나 사람의 마음은 참 간사하기 이를 데 없다. 날이 갈수록 지인들의 전화는 뜸해지고 나는 오히려 다행이다 싶어야 하는데 마음은 정반대다. '연락을 어쩜 그렇게 안 해?

괘씸한 것.' 후배들이나 같이 일했던 부하직원들에게는 물론이고 별반 친하지 않았던 사람들에게까지 서운한 마음이 든다. '네가 나한테 그러면 안 되지. 배은망덕한 것 같은 이라고.'는 기본이다. 한참 속이 부글거릴 때면 '내가 너한테 어떻게 했는데, 두고 봐라 반드시 후회하게 해 주마.'라는 삼류 드라마를 찍고 있는 나를 보며 어이없어 혼자 피식 웃기도 했다.

아이가 아프고, 직장도 없어지는 건 상처받을 일이 많아짐을 의미한다. 엄마 입장이기에 다른 건강한 아이들의 이야기도 상처가 된다. 민혁이를 병원에 입원시키고 억장이 무너져 한 시간째 병원 화장실에서 눈물콧물 범벅이 된 그때 하필 핸드폰이 난리가 났다.

대학 때 동아리 동창들 SNS다. 모두 고만고만한 나이에 결혼했으니 아이들 나이가 얼추 비슷하다. 친구 중 하나가 군대 문제를 꺼냈다. 요즘은 대기자가 밀려 있어서 제때 군대 가기도 힘들다고 한다. 빨리 다녀와야 학교 문제가 꼬이지 않는데 걱정이란다. 여기에 다른 친구들이 한마디씩 거든다. 카투사에 특전사가 나오고 해병대까지 등장한다.

헛웃음이 나왔다. 군대라…민혁이는 군대는 어떻게 하나? 자식들이 아프지 않아서 애들은 좋겠다. 한가하게 군대 얘기나 하고 있으니 말이다. 핸드폰을 없애던지 해야지. 속에서 불덩어리가 돌고 있는 것 같다. 누가 나 좀 어떻게 해줘 봐요.

사람의 마음은 서로 통하는 거다. 서로를 향한 릴레이션십relationship

에는 보이는 물질적인 이익이든 감정적인 공감대이든 뭔가 연결고리가 있어야 한다. 그런데 난 그걸 내손으로 끊어내며 그들이 무심하다고 격분한 셈이었다. 어려움이 해결되어 숨쉴 만한 상황이 된 지금 생각해 보면 나의 어쭙잖은 피해망상 기록이다. 하지만 그때의 나는 참 잘 견뎌냈구나 싶다.

어차피 받을 상처를 가볍게 하기 위해서는 자존감이 참 중요하다. 어려운 상황 속에서 자존감이 떨어지거나 열등감이 자신을 쥐고 흔든다고 느낄 때 정면에서 자신을 다시 한 번 정확히 바라보고 인식해야 한다. 나는 어떤 사람인가. 이 상황을 해결하기 위해 내가 할 수 있는 것은 무엇인가. 내게 닥친 상황과 자기 자신을 회피하지 않는 것이 내 자존감을 지킬 수 있는 방법이다. 그래야 상처가 가벼울 수 있다. 그리고 나서야 내가 더 단단해진다. 🌱

시련은 모습을 달리한 축복이라고 한다.
그러나 그것을 알기까지 유리 깨진 바닥을 맨발로 걸어가는
아픔을 견뎌야 한다.
옆에서 어떤 위로의 소리도 응원도 소용없을 때가 많다.
그저 당사자가 견디는 것이다.

시련을 축복으로 바꾸는 시크릿

'공황장애를 이기는 법'이라는 주제로 언젠가 책을 써보고 싶다. 내 아이와 비슷한 일로 인생이 갑자기 힘들어지는 사람들을 위해 꼭 들려주고 싶은 이야기다. 청소년이나 중년이나 공황장애는 이제 어느 특정 세대로 한정지을 수 없을 만큼 대중화 된 병이다. 유감스러운 점은 끝도 없는 경쟁으로 내몰려 불행 공화국이라는 오명을 쓴 한국에서는 앞으로 그 수효가 더욱 늘어날 것이라는 전망이다.

국민건강보험공단의 자료(건강보험 빅데이터)를 보면 2010년 5만

945명이던 공황장애 환자가 2015년 10만 6140명에 이르렀다고 한다. 연평균 15.8%씩 증가한 결과다. 전체 환자 중 40~50대가 절반이다. 공식 수치 이외 환자들까지 포함하면 훨씬 더 늘어난다. 사실 본인이 공황장애인 줄도 모르는 공황장애 환자들은 청소년부터 노년까지 광범위하다. 설사 증상을 인지해도 그저 참고 불편하게 생활하다 병을 더 키우는 경우도 상당수에 이른다고 한다.

공황장애가 표면적으로 드러난 것은 연예인들이 자기 병을 고백하면서부터이다. 잘나가는 아이돌부터 중견 연예인에 이르기까지 공황장애 때문에 불안하고, 비행기를 못 타고, 자살충동을 느끼며 만성적인 발작으로 응급실에 실려 가야 하는 증상들을 털어놓았다. 그래서 한동안 공황장애가 '연예인 병'이라는 이름으로도 불려졌다. 최순실이 재판 출석을 거부하며 '공항장애'로 사유를 표기하는 바람에 인터넷에 이 병명이 웃음거리가 된 적도 있다.

내 자식이 병마에 시달린다는 것, 그것도 끊임없는 자살충동과 싸우고 있다는 것은 순간순간 내가 죽고 싶을 만큼 괴로운 일이다. 차라리 심장이 안 좋다거나, 때로는 간이 나쁘다고 하면 거기에 알맞은 수술을 하거나 약을 먹으면 되는 상식적인 방법이 있기 마련이다.

소위 '마음의 병'에는 딱히 그 방법이 명확치 않다. 수술을 할 수도 없고, 약을 먹는다고 딱 떨어지게 나아진다는 보장도 없다. 물리적인 치료의 인풋input이 회복이라는 아웃풋output을 만들어내는 과정이 눈에 보이지 않는 것이다. 그저 인내심을 가지고 기다리는 지루한 싸움이다. 언젠가는 좋아지겠지 라는 마음 하나만으로 버텨야 하는데 실제 환자 가족은 이 부분이 쉽지 않다.

공황장애는 시간과의 싸움이고 예기되지 않는 증상과의 투쟁이다. 그러나 사람마다 다르긴 해도 반드시 회복되는 방법은 있다. 만약 회복에 대한 강한 의지가 없다면 만성적인 증상으로 평생 불행해야 하는 고난이 따르게 된다. 내 아들을 옆에서 지켜본 것으로 깨달은 5가지 공황장애 치료법은 어렵지만 사실 어렵지 않다.

1. 지치지 않고 기다려주기
2. 환자가 좋아하는 일을 끊임없이 시도해 보기
3. 여행하기
4. 함께 있기, 대화하기, 특히 이해하고 사랑한다고 자꾸 얘기하기
5. 불안하고 떨리더라도 결국 용기 내어 세상 한가운데로 내보내기

쓰러졌던 누군가가 다시 일어나기에는 얼마나 많은 사람들의 응원이 필요한 것일까. 남들의 위로가 도움이 될 때가 있고, 아닌 경우가 있다. 위로가 계기가 되어 다시 일어설 수 있는 때는 이미 그 사람 스스로 그 문제에 대한 의미와 해답을 찾았을 때이다. 그러나 내 아들의 경우 본인에게 갑자기 닥쳐온 문제에 대해 의미와 해답을 알 수 없어 혼란에 빠졌다. 본인이 정해놓은 모든 계획이 틀어졌는데 왜 그렇지 않겠는가.

"너만의 라이프 사이클을 인정해 봐. 사회적으로 몇 살에 뭐, 몇 년 후에 뭐 이런 거 신경 쓰지 마. 물론 외롭고 용기가 필요한 일이지만 분명 하느님이 계획하신 너만의 위대한 사이클이 있을 거야. 넌 인생

을 더 진지하게, 용감하게 사는 사람이 된 거야."

아닌 척해서 그렇지 누구나 힘들고 외롭다. 뒤처질까 불안해한다. 아들도 마찬가지였으리라. 공황장애는 가족들이 지치는 병이라고들 말한다. 그러나 본인만할까. 계획 짜서 열심히 뛴다 한들 금방 회복되는 일도 아니다. 그 증상에 따라 모든 인생 계획이 꼬인 실타래처럼 헝클어진다. 이럴 때 원래 그가 꾸고 있던 큰 꿈이 병 때문에 초라해지거나 아예 사라져 버리지 않도록 격려하고 기다려 줘야 한다. 지치지 않는 것. 이것이 곁에 있는 이들의 첫 번째 원칙이다.

생텍쥐페리는 '배를 만들 게 하고 싶다면, 배 만드는 법을 가르치지 말고, 바다를 꿈꾸게 하라.'고 했다. 스스로 큰 꿈을 꾸게 되면 해야 할 일이나 문제 해결은 당연히 할 수 있게 된다. 아무리 병 때문에 힘들어도 이 원칙은 통한다. 아들은 세상에서 레고를 제일 좋아하고 잘 만든다. 고통 중에 있을 때 레고는 큰 역할을 담당했다. 그는 한동안 잠자는 시간을 제외하고 온통 레고로 작품을 만들기도 했다. 레고 디자이너라는 미래의 꿈도 그때 결정했다.

세상은 자존감 없이 버티기 힘든 곳이다. 그러나 우리의 환경이 개인의 자존감을 세우기에는 점점 더 어려워져 가고 있다. 자존감을 위해서는 나이에 관계없이 스스로가 주체가 되는 성공 경험이 무엇보다 중요하다고 한다. 아들은 운 좋게 본인이 좋아하는 일로 성공 경험을 얻게 되었다. 바로 아들의 레고 작품을 백화점과 멀리 인도네시아 쇼핑몰까지 전시하게 된 것이다. 그의 자존감을 회복하는 데 비밀병기가 된 셈이다. 어려운 상황 속에서 포기하지 않고 버티면 누구라도 작은 성공 경험을 누릴 수 있는 기회를 얻게 된다.

자식을 사랑한다고 기쁘고 행복하기만 할까. 사랑의 크기만큼 고통도 세트로 온다. 통증으로 때로는 우울증으로 힘들어 하는 아들에게 곁에 있어 주는 것 외에는 도와줄 방법이 없다. 단지 끊임없이 이야기를 듣고 격려할 뿐이다.

"꿈 사이즈가 크니까 네가 지금 겪는 고통도 큰 거야. 기대된다. 진짜. 어마무시하게 큰 네 꿈이."

미래는 현재 그가 처해 있는 상황이 아니라 내가 어떻게 그 상황에 대처하느냐에 달려 있다고 한다. 그러나 고통 받는 아이 앞에서 상황 대처란 무력하기만 하다. 그저 기도하는 마음으로 함께 있어 주고 사랑한다는 고백 외에는 더한 묘약이 없었다.

공황장애 환자들은 증상에 따라 몇 년씩 집안에서 나오지 못하는 경우가 많다. 우리 아이도 초기에는 마찬가지였다. 심지어 방에 틀어박혀 거실로도 나오지 않으려 했다. 그러나 차츰 병세에 차도가 있을 무렵 아르바이트를 시도했다. 공기 좋은 전원 카페 서빙을 시작으로, 레스토랑, 베이커리에서도 일했다. 홈페이지 제작, 완구 디스플레이는 원래 아들이 좋아하는 일이니 더 수월했다.

비록 일하다 쓰러져 앰뷸런스에 실려 가기 반복해 아르바이트 하던 매장에서는 놀란 가슴을 쓸어내려야 했고, 나는 몸 둘 바 모르게 미안했다. 그러나 무섭다고, 위험하다고 방안에 숨어 있을 수만은 없었다. 얼마나 모질게 마음먹었는지 모른다. 언제 쓰러질지 모르는 아들이 낯선 곳에 나가 있는 동안 나는 날카로운 칼 위에 서 있는 심정이었다.

우리가 걱정하고 두려워하는 것은 지금 하는 일의 결과를 알 수 없기 때문이다. 알 수 없는 앞날을 상상하면 두려움이 더 강력해진다. 이때 필요한 것은 그 일에 대처하는 나의 방식에 확신을 갖는 것이다. 결국 용기 내어 밖으로 내보낸 아들이 쓰러졌다 일어나기를 반복할지언정 점점 회복되어 가는 모습을 볼 수 있게 되었다. 아들의 인생을 더 크게 만드시는 하느님의 축복의 과정이라 확신하면서 말이다.

시련은 모습을 달리한 축복이라고 한다. 그것을 알면 이미 이긴 것 아닐까. 그러나 그것을 알기까지 유리 깨진 바닥을 맨발로 걸어가는 아픔을 견뎌야 한다. 옆에서 어떤 위로의 소리도 응원도 소용없을 때가 많다. 그저 당사자가 견디는 것이다. 아픔 속에 그것이 해석되지 않으면 시련 그 자체로 끝나는 것이다. 그러나 그 고난이 내 삶 속에 해석되면 그것이 바로 축복이 되는 것이다. 신이 만드신 존재 가운데 아픔 없는 것이 어디 있으랴. 내게 주신 시련이 그분의 사랑이고 축복이었다는 비밀을 깨닫는 순간이다. 🌿

누구나 어느 날 멈춰서 별 쏟아지는 하늘 아래 쉬어 볼 일이다.
향기로운 차가 한잔 있으면 더 좋다.
밤하늘을 바라보며 크게 심호흡하면 저절로 내가 위로된다.

시련이 가져온 선물

여행은 내게 낯선 일이었다. 출장이라면 모를까. 한가하게 여행이
라니. 내 인생에 거의 없었다. 아이들 어린 시절 함께 하는 여름휴가
는 늘 전쟁이었다. 지금 생각해 보면 참 좋았던 시절이다. 폭풍 인파
속 뜨거운 햇빛 아래 아이들과 함께하는 물놀이, 여러 리조트에서 보
낸 키즈 프로그램이 결혼 후 여행의 대부분을 차지한다.

아들은 발병 이후 집밖으로 나가는 일이 거의 없었다. 그러나 우연
히 아들의 치유여행 기회가 왔다. 자카르타를 거쳐 호치민. 민혁이의

치유를 결정적으로 도운 것은 이 두 도시이다. P브랜드의 임원으로 일 년 간 근무하면서 해외출장을 피할 수가 없었다. 고맙게도 대표는 나의 상황을 처음부터 알고 있는지라 아들을 데리고 출장 가는 쪽으로 가닥을 잡아주었다. 처음에는 비행기를 탈 수 있을까 걱정되었지만 어차피 애와 떨어져서 걱정하느니 데리고 다니며 걱정하는 편이 맘 편하지 싶었다.

자카르타 출장에 앞서 일부러 일을 만들었다. 민혁이의 역할은 새로 오픈하는 자카르타 이온 몰Aeon Mall에 레고로 작품 하나를 만드는 일이었다. 아무리 출장 가는 길에 자식을 데려간다고는 하지만 명분은 있어야 했다. 마침 레고를 좋아하는 민혁이가 본인의 재능을 발휘할 수 있는 기회였다.

일주일 작업으로 '레이싱'racing이라는 테마의 작품이 설치되었다. 민혁이는 집에서 누워만 있던 시간에서 벗어나 모처럼 본인이 뭔가 해냈다는 자부심으로 한창 흥분하고 있었다. 회사 입장에서도 처음 입점한 백화점에서 특이한 디스플레이로 화제가 되었으니 이래저래 좋은 일이었다. 자카르타는 습하고 더웠다. 그러나 일주일간의 출장 일정이 아들에게는 치료로 향하는 새로운 계기가 되었다.

베트남 호치민에서도 마찬가지였다. 회사와 연관 있는 국제박람회에 참여하기 위해 날아간 호치민에서도 낯선 풍경, 낯선 공기가 아들을 치유하는 듯했다. 박람회 때문에 무거운 짐을 나르며, 낯선 현지 인부들의 조립작업을 도와주면서 아들은 차츰 낯설고 정겨운 이국 정서에 젖어 들어갔다. 어마어마한 파도처럼 보이는 오토바이 행렬

이 신기하고, 길에서 먹는 시원한 코코넛 야자수를 처음 마셔 보았다. 허름한 길거리 간이식당에서 피쉬 소스를 얹어먹는 돼지구이 덮밥의 기막힌 맛, 하루 일정을 끝낸 후 호텔 근처 선술집에서 마시는 찬 맥주, 소박하다고 하기엔 너무 맛있는 숯불꼬치… 낯선 곳에서는 얘기하지 않아도 얘기를 하고 있는 기분이 든다. 낯선 곳을 함께 바라보는 것만으로도 충분하다.

내 아이는 마치 자신을 옥죄고 있던 감옥에서 탈출한 표정이었다. 모든 시선과 부담으로부터 벗어났다고나 할까. 다시 현실로 돌아가면 마찬가지일지 모르지만 아무튼 그 순간만큼은 숨이 턱 막히게 아들의 목을 죄고 있던 사슬이 풀리고 있었다.

P회사까지도 완전히 그만둔 이후 아들과 함께 본격적으로 여행 가방을 챙겼다. 목마른 사람이 샘 판다는 말처럼 집에 갇혀 있는 아들을 하루 종일 보고 있기에 내가 더 답답해서였다. 더군다나 여행이 확실히 병세에 효과가 있다는 것을 확인한 이상 집에 앉아 있을 이유가 없었다.

지인 중에 에스테틱 숍을 운영하는 이가 있다. 사람의 몸은 자연과 가까워질수록 완전해진다는 주장으로 운영한다. 그녀는 아들의 병에 무조건 '야생'을 추천했다. 자연의 에너지로 마음의 병을 고쳐야 한다는 그녀의 주장 때문에 나는 지리산, 곡성, 봉화를 거쳐 산 좋고 물 좋다는 곳은 두루 돌아다녔다. 아는 만큼 보인다고 했던가. 치료를 위한 여행이다 보니 마음을 치료하러 숲으로 강으로 향하는 사람들이 의외로 많다.

섬진강 가에 그림 같은 집을 짓고 혼자 사는 조각가 H선생. 그는 반백의 머리를 하나로 묶고 하루 종일 섬진강 근처 돌과 버려진 나무 토막으로 작품을 만든다. 그의 집은 작은 폐가를 개조했는데 어느 유명인의 별장도 이보다 아름답지 못하리라. 감나무 밑에 놓인 평상조차 예술작품이다. 좁은 대문을 열고 들어서면 손바닥만한 마당을 중심으로 초가집 두 채가 보인다. 한 채는 그가 묵는 방인데 놀랍게도 커피에 관련된 모든 자재가 마련되어 있다. 로스팅도 직접 한다. 아침마다 커피를 갈아 주인장이 직접 커피를 내리는데 세상 어디에도 없는 향이다. 다른 한 채는 전시실로 쓴다.

그는 8년 전 서울에서 모든 것을 정리하고 이곳으로 내려 왔다고 했다. 부인과 장성한 자식들은 그를 이해하지 못했다. 그러나 그는 이 제부터라도 자기가 살고 싶은 방식대로 살아보자 결심했다. 작품을 하면서도 늘 생활에 쫓겼다. 밥을 위해, 돈을 위해 원치 않는 작품을 만드는 세월 때문에 병이 들었다. 아버지로서 경제적 의무를 다했다고 판단한 순간 그는 자유인을 선언했다. 그는 오롯이 그 자신이 원하는 작품을 만들 수 있게 되었다. 그는 외톨이다. 섬진강이 유일한 벗이다.

사람이 행복하게 산다는 건 무엇일까. 남들에게 인정받는 작품을 만드는 작가, 그런 남편, 그런 아버지여야 했기에 정작 본인이 불행했다면 얼마나 아이러니한가. 그러나 우리는 남들의 인정에 목말라하면서 흔히들 그렇게 산다. 자신의 내면에서 울리는 목소리에 귀 기울이고 늦게나마 내가 행복한 여행을 찾아 떠나는 용기는 아름답다. 그리고 그것은 생각보다 훨씬 더 인생을 빛나게 만드는 일임을 그의 작품 같은 일상을 보며 깨닫는다.

봉화에서 만난 B사장은 H보다 훨씬 일찍부터 자유롭다. 그는 태백산이 가까운 조그만 동네에 다 쓰러져가는 집을 한 채 소유하고 있다. 화장실도 뒷마당에 완전 재래식 타입이라 방문객을 기함 시킨다. 주변 텃밭에는 상추 고추는 기본이고 산삼 씨까지 뿌려 귀한 야채를 키운다.

B는 수출용 화장품 OEM 업체를 운영하는데 주말에는 어김없이 이곳에서 지낸다. 근처 강에서 피라미를 잡아 즉석에서 기름에 튀겨 텃밭 야채에 싸먹는 것이 그가 말하는 최고 건강식이다. 식사가 끝나기 무섭게 태백산으로 올라간다. 태백산은 아직도 사람의 발길이 닿지 않은 신비로운 장소가 많다. 그는 여기서 야생초를 채집하는 것이 20년간 계속된 유일한 취미다. 천혜의 자연에서 걷고, 배낭에 넣어간 밥과 고추장에 야생초를 넣어 쓱쓱 비벼먹는 것이 가장 행복한 일이라고 한다. 중소기업 대표로 평생 바쁘게 살지만 그는 진즉부터 본인이 어떻게 살아야 행복한지 깨달았다. 인생을 현명하게 균형 맞춰 사는 드문 사람이다.

"억지로 되는 일은 없죠. 우주에는 질서가 있어요. 나는 거기서 아주 먼지 같은 미미한 존재예요. 내 몸을 자연과 가장 가까운 음식으로 공경하고 마음을 비우면 자연히 우주의 에너지가 내 쪽으로 흐르게 되요. 그래야 원하는 일이 저절로 이루어지는 거죠."

사업이고 인생이고 억지로 되는 일은 없다. 그는 사업을 키우겠다고 무리하게 애쓰지 않는다고 한다. 그는 '애씀'이 일을 '방해'한다는 희한한 논리를 가지고 있다. 늘 '애씀'의 결정판이었던 나와는 어쩜 이리도 다른가.

"수출 관련해 꼭 계약하고 싶은 업체가 있다고 쳐요. 그 사람들 만나 밤새 술 마시고 프레젠테이션하고 달달 볶는다고 해서 일이 되는 게 아니에요. 일단 내 몸이 그런 좋은 일을 맞을 수 있게끔 에너지를 가지고 있냐는 거죠. 에너지는 미리 충전시켜야 해요. 그래야 일이 저절로 됩니다."

중년 이후에 돌연사가 많은 이유도 지나치게 '애씀'의 결과란다. 나도 나 스스로가 고갈되어 감을 느끼면서도 줄곧 뛰었던 세월이었다. 누구나 비슷하지 않은가.

누구나 어느 날 멈춰서 별 쏟아지는 하늘 아래 쉬어 볼 일이다. 향기로운 차가 한잔 있으면 더 좋다. 밤하늘을 바라보며 크게 심호흡하면 저절로 내가 위로 된다. B처럼 현명하지 못해 이제야 알게 되었지만 이 시간이 아들만을 위한 것이 아니었다. 나에게도 선물처럼 다가온 위로와 치유였다. ✤

내게 아들로부터 시작된 고난이 없었더라면 아직도
나는 세상에 나밖에 모르는 인생으로 계속 살아가고 있을지 모른다.
그래서 실패나 고난이 꼭 나쁜 것만은 아니라는 말이 있나보다.

실패에서 배운 인생 현답

아들이 숨이 잘 안 쉬어진다는 호소가 이런 느낌이었을까. 새벽에
잠이 깨면 일단 우울함이 파도처럼 밀려온다. 예전에는 없던 증상이
다. 자주 숨쉬기가 힘들고 몸이 둔하고, 갑갑하다. 세상은 나랑 전혀
상관없이 돌아가고 나는 세상 밖으로 내쳐진 느낌이다. 난 왕따.

바로 얼마 전까지만 해도 나는 내가 제일 에프엠대로 사는 사람이
라고 자부했다. 내가 땀 흘리고 열심히 노력해 얻은 사회적 위치, 건
강하신 부모님, 자기 일에 충실한 남편, 건강하고 공부 잘하는 자식

들, 넓지는 않지만 예쁜 내 아파트, 절친이라고 얘기하기에 자랑스러운 친구들, 그리고 앞으로 펼쳐질 나의 미래, 생각만으로도 가슴 떨리는 나의 목표… 이런 것들이 단지 내가 성실했기 때문에 내 손에 들어온 '내 것'이라고 생각했다. 그러나 하나씩 쌓아놓기가 어렵지 무너지는 데는 한순간이다.

어느 날 아들을 데리고 백화점으로 쇼핑을 갔다. 투병 중에 늘 집에만 있는 아이가 안쓰러워 컨디션이 좋아질 때면 잠깐씩 바람 쐬자고 설득하곤 했다. 광장공포증이 심할 때는 아예 엄두도 내지 않던 백화점 쇼핑이었다. 물론 사람 없는 오전 시간을 일부러 택하긴 했지만 집밖을 나설 수 있는 것만으로도 뭔가 병증에 차도가 있는 듯해 나는 기분이 매우 가벼웠다.

가방을 하나 사가지고 기분 좋게 나오는 길, 아들이 갑자기 어지럽다는 말이 끝나기 무섭게 그대로 바닥에 쓰러져 버렸다. 차고 딱딱한 대리석 바닥에 의식을 잃고 쓰러진 아들의 머리를 두 팔로 안았다. 주변에 지나가던 사람들이 비명을 지르고 매장 직원들이 몰려온다. 119 대원들이 도착할 때까지 직원들은 우리 주변으로 펜스를 쳤다. 쓰러져 있는 청년과 그 엄마는 백화점에서 매우 이질적인 존재이다.

"괜찮아, 119 삼촌들 올 거야 아들. 잠깐 있자. 바닥이 너무 차지?"

귀에다 속닥거리며 아들의 맨발을 바라봤다. 슬리퍼가 쓰러지며 벗겨졌나 보다. 한쪽에 나뒹굴고 있다. 갑자기 목울대가 칼로 찌르는 듯 아프다. 내가, 내 인생이 바닥으로 내팽개쳐진 기분이다. 이후에도 쇼핑몰이나 레스토랑에서 아이가 쓰러지는 경우가 있었다. 나중에는 별로 당황하지는 않게 되었다. 이미 알고 있는 병이니까. 그러나 더러운 바닥에 온몸으로 누워 있는 아이를 보면 더 이상 내 인생이 아무 것도 아닌 것처럼 여겨졌다. 너무 초라해서 말이다.

어느 날 한밤중에 민혁이의 공황발작 때문에 응급실에 있었다. 사태는 평소보다 심각했다. 발작이 멈추지 않는다. 진정제를 벌써 네 번씩이나 투여했는데 소용없다. 진정되지 않는 진정제밖에 없냐, 대학병원이?! 소리소리 지르고 싶은 걸 이를 악물고 참으며 침대를 부여잡고 아이와 용을 쓰고 있는데 옆 침대로 할아버지 응급환자가 들어온다. 뒤이어 울며불며 들어오는 가족, 아들인가 보다 하고 무심히 쳐다보니 참나 우리 부서 L과장이다. 그 상황에서 아는 척도 못했다.

그는 아버지의 상황을 의사에게 설명하며 얼굴이 하얗게 질렸다. 넋 나간 듯 한참을 앉았다가 다른 형제들이 속속 모여드니 그때서야 정신이 드는지 옆 침대 곁에 우두커니 앉은 나를 발견했다. "상무님, 여기 어떻게…" 나와 누워 있는 아들을 번갈아 보더니 이윽고 사태파악이 된 모양이다. L과장의 아버지는 병원에서 다시 나서지 못하셨다. 다음날인지, 그 다음날 운명하셨다.

부서 직원들과 장례식장을 찾았을 때 나는 다른 직원의 장례식과 참 많이 다른 내 마음을 느낄 수 있었다. 동생 같은 그 직원의 슬픈 마음을 며칠 전부터 봤기 때문일까. 어깨를 안고 등을 두드려줬다. 이 친구가 내 등을 토닥토닥 함께 두드린다. 아마도 천하무적인 줄 알던 직장상사가 아들을 안고 힘들어하는 엄마라는 것을 목격했기에 말없는 위로를 하고 싶었으리라. 위로와 이해는 이렇게 상대방을 제대로 알 때서야 비로소 의미가 있고 효과를 발휘한다.

나는 어떻게 나이 들고 싶은가. 돈이나 명예에 새삼스레 목숨 걸지 않는다. 다만 주변에 나의 응원이 필요한 많은 사람들을 제대로 바라보고 돌보고 싶다. 나 스스로를 챙기느라 사람을 이해하는 데 무심했다. 그러나 그날을 생각하면 처음으로 누군가를 제대로 이해하고 위로한 경험이었다. 깊은 마음으로부터의 이해, 돌봄, 그리고 응원⋯ 새벽 응급실에서 아픔을 삭이며 내가 얻은 또 하나의 대답이다.

"그건 내려놓는 게 아니야. 내려놓겠다고 얘기하는 건 자발성이 전제되어야 하는 거지. 당신은 스스로 내려놓는 게 아니잖아. 이건 처음부터 선택의 문제가 아니었어. 어쩔 수 없이 손에 움켜쥐고 있는 건 다 놔야 하는 상황인데 그게 뭐 내려놓았다고 불쌍한 척이야?"

나는 당시 자기연민이라는 덫에 걸려 있었다. 모든 상황에 제일 억울하고 가엾은 건 나였다. 왜 이런 일이 나에게 일어난 걸까? 얼마나 열심히 쌓아온 직장생활인데 나는 하루아침에 회사랑 아무 관계없는 사람이 되었을까? 지인에게 내가 내려놓게 된 것들에 대해 말했다가 아주 쓴소리를 들었다. 내려놓은 것이 아니고 어쩔 수 없는 상황 속에 최선의 선택을 한 거다. 아주 힘든 상황에서는 억지로라도 자기연민에서 빠져 나와서 씩씩해져야 한다. 그리고 이제 더 이상은 못한다고 뒤로 나자빠지고 싶을 때 그걸 꾹 참고 넘어가야 상황이 바뀐다.

일생에서 경험했던 모든 것보다 더 힘든 3년을 보내며 나는 나쁜 생각, 부정적인 예견은 항상 하지 않으려고 노력하게 되었다. 그러나 쉽지는 않다. 머릿속에선 어느새 또 네거티브 구름이 뭉개 뭉개 피어 오르는 중이다. 인간의 뇌가 원래 그렇게 생겼다고 한다. 그런 생각이 드는 건 인간이니 어쩔 수 없지만 부정적인 생각을 인식하는 순간 바로 바로 털어내기 위한 의도적인 노력이 필요하다.

내가 생각하는 실패란 단지 오래도록 다니던 직장을 포기했다는 문제가 아니다. 또 잘난 아들에게 갑자기 찾아온 병마로 인해 남들 얘기하는 표준 성공 가도가 좌절되었다는 것을 뜻하지도 않는다. 시련 속에 겪으며 깨닫게 된 일들, 나도 밑바닥까지 떨어지는 고통스러운 상황에 처할 수 있구나, 사람에 대한 이해와 위로는 가슴 깊은 곳에서 부터 해야 하는 거구나, 어떠한 시련도 자기연민으로 합리화시키는 것은 도움이 안 되는구나…. 이런 모든 일에 나이가 오십에 가깝도록 무심하게 살았다는 사실을 두고 '실패'란 표현을 쓰고 싶다.

아마 내게 아들로부터 시작된 고난이 없었더라면 아직도 나는 세 상에 나밖에 모르는 인생으로 계속 살아가고 있을지 모른다. 그래서 실패나 고난이 꼭 나쁜 것만은 아니라는 말이 있나 보다.

걸음걸음마다 시련이라는 발자국을 찍지만 우리는 결국 극복할 힘 을 가지고 있다고 믿는다. 인생에서 실패 경험은 아주 중요한 일이긴 한데 사실 그것을 어떻게 받아들이는지가 더 중요하다. 절망할지 아 니면 다시 앞으로 걸어 나갈지 말이다. 그게 결국 인생을 결정한다. 실패에서 배우는 지혜로운 답은 언제나 실패 그 이후에 있다. 🐋

길은 수백 갈래이고 그 길들은 다 통한다.
아들과 나는 지난 시련의 세월들을 이렇게 배웅한다.
그리고 그 시련이 결국 인생의 위대한 스승이 되었다는
깨달음에 엎드려 감사하고 싶다.

시련은 인생의 위대한 스승이다

"민혁아, 엄마야. 지금 자퇴서 제출하고 나오는 길이야"

"… 알았어."

"많이 서운해?"

"아냐…, 그렇지 뭐. 어쩔 수 없잖아."

아들의 자퇴 원서를 직접 제출하고 나오면서 나는 학교를 몇 번이
나 뒤돌아보았다. 여기가 내 아들이 다니던 고등학교다. 교복을 입고

지나가는 학생들이 새삼스럽게 대단해 보인다. 예전에는 아무렇지도 않던 일상의 풍경이 진하게 부럽다.

아들이 고등학교 자퇴를 결정하게 된 것은 인생 계획에 없던 내용이다. 하지만 규정상 출석일수가 부족해 2학년을 다시 다녀야 한다. 아들은 후배들과 같은 교실에서 공부하기는 죽어도 싫다고 했다. 어차피 아들의 고3 수험생활이 쉽지 않을 것이라는 생각에서 반대하지 않았다. 일단 치료부터하고 이후의 일은 나중에 생각하자.

아이의 고등학교 자퇴는 가족들에게 예상보다 큰 충격을 주었다. 남편은 아이의 자퇴 소식에 혼자 시도 때도 없이 운다. 부모님도 매일 마찬가지였으리라. 남편은 출근길에 등교하는 고등학생들을 보면 또 눈물이 난다고 했다. 남자가 그렇게 눈물이 흔해서야 원. 흉을 보면서 나 또한 마음이 찢어지는 것 같다. 그렇다고 울지는 않는다. 운다고 이 상황이 해결되지 않는다.

세상이 멀쩡한 게 참 이상하고 싫었다. 내 아이는 학교를 그만두었는데 그 학교 교복을 입은 많은 아이들이 다들 그 시간에 아무 일도 없이 등교한다. 오후에는 그 아이들이 다시 쏟아져 나와 뿔뿔이 집으로 간다. 내 아들은 학교를 그만두고 어두운 방안에 누워 있는데 세상은 이렇게까지 정상이면 안 되는 거 아닌가? 한참을 혼란스러웠다. 마치 세상이라는 열차는 이름도 알 수 없는 간이역에 우리 모자만 덜렁 내려놓고 바삐 출발해 버린 느낌이었다. 학교를 그만둔다는 사실은 그만큼 황당하고 기괴한 경험이다.

검정고시를 치러 왔다.

목표는 마지막 시간까지 무사히 버티는 것이다. 중간에 쓰러지거나 문제가 생겨도 너무 실망하지 않기로 했다. 사실 확률적으로 끝까지 시험을 마치기란 거의 불가능한 상황이다. 민혁이나 나나 잘 알고 있었다. 그렇게 처음부터 반쯤 포기한 채 시험을 보러 갔다. 8월. 무섭게 뜨거운 폭염 속에 고졸 검정고시를 치렀다. 아들에게 몇 번씩이나 다짐했다.

"일 년에 두 번 있는 시험이니 오늘 잘 못 봐도 다음에 치르면 되는 거야, 괜히 긴장하고 스트레스 받지 마."

알았다고 건성으로 대답하는 아들보다 내가 더 긴장이 된다. 시험장에 데려다놓고 운동장 한끝 나무 아래 쭈그리고 앉았다. 가만히 있어도 숨이 턱턱 막힌다.

처음에는 아들이 검정고시를 보지 않겠다고 했다. 완벽주의자인 아이의 성향상 시험공부를 제대로 하지 않은 상태에서 시험을 치르는 것이 용납되지 않았을 거다. 공부를 할 수 있는 상황도 아니었지만 일단 시험은 보자고 살살 부추긴 것은 나였다. 왜냐하면 고졸 검정고시라도 봐야 낙오자라는 패배의식에서 아이가 눈곱만큼은 자유로울 수 있을 것 같았기 때문이다. 내년 2월이면 친구들은 고등학교를 졸업한다.

전체 7과목을 오전 오후로 나누어 본다. 한 시간씩 끝나고 종이 울릴 때마다 입술이 바짝바짝 말랐다. 발병한 이후 아들은 이렇게 오랜 시간 낯선 공간에 있어 본 적이 없다. 당장이라도 교문으로 앰뷸런스가 요란한 사이렌을 울리며 들어오는 것 같았다. 119가 나타나면 영락없이 민혁이가 교실에서 쓰러졌다는 소식이다. 오늘 시험 보기 전에도 일주일 동안 두 번이나 쓰러져서 응급실 행이었지 않은가.

그러나 기적이 일어났다. 모든 시험을 마칠 때까지 앰뷸런스가 오지도, 낯선 번호로부터 핸드폰이 울리지도 않았다. 무사히 시험을 치렀다는 뜻이다. 심장이 뛰다 못해 눈물이 난다. 시험을 마친 아이들이 우르르 쏟아져 나왔다. 내 아들은 한참이나 후에 하얗게 지쳐 나온다. "무사히 마쳤네." 어깨를 툭 치니 시험 소리는 없이 같은 교실 옆에 앉았던 학생 팔에 새겨진 문신 이야기가 먼저 나온다. 문양이 잉어란다. 그것도 여러 마리가 그의 팔을 감쌌는데 제 딴에는 디자인이 조악해 안타까웠다나. 농담까지 하는 걸 보면 오랜만에 뭔가를 해냈다는 기쁨이 가득한 듯하다. 그렇게 아들은 고졸 자격을 얻었다. 게다가 말도 안 되는 우수한 성적까지 덤이었다.

"지금 환경이 그렇지 않겠어요? 심리적으로 가장 흔들리고 스트레스 받을 때죠. 그냥 업다운이 심한 시기도 있다 여기고 조심스럽게 지나가야죠."

나도 남의 얘기면 그렇게 하겠다. 아들의 상태가 갑자기 악화됐다. 의사는 친구들이 수능 보는 시즌에 과도하게 스트레스를 받고 있을 거라는 의견이다.

"그렇다고 하루에 15시간을 자는 건 위험한 수준 아닌가요? 무슨 신생아도 아니고…."

"약을 좀 조정해 보죠. 시간이 지나면 좋아질 거예요."

약을 조정해도 소용이 없었다. 친구들이 수능 전쟁을 치르는 동안 세상에서 소외된 열등감에 빠진 아들은 그렇게 끝이 없는 나락으로 떨어지고 있었다. 3개월 동안 지옥 같은 공황증세에 시달리던 아들 때문에 다음해인 2016년 수능 시즌에는 무슨 수라도 써야 했다.

내가 일을 그만두고는 아이의 상태가 이미 많이 호전되기는 하였으나 그 전 해 수능 시즌에 너무 힘든 시간을 보낸지라 수능 말만 들어도 경기를 할 지경이었다. 두드리면 열린다고 했든가. 검정고시 성적을 내신 성적으로 환산해 대입수시지원 자격이 주어지는 대학들이 있었다. 평소 디자인에 관심이 많은 민혁이는 S대 지원을 하게 되었고, 디자인을 전공하는 대학생이 되었다.

'기적이 있다는 사람, 기적이 없다는 사람이 있어. 물론 나는 있다 쪽에 한 표지. 그게 매일 일어나. 오늘처럼.'

두꺼운 커튼, 어두운 그 방안에서 아들은 핸드폰 게임만 했다. 영화만 봤다. 그러다 몇 시간이고 잔다. 머리 아프고 숨이 안 쉬어지는 상황에서 아들이 할 수 있는 유일한 버티기였다. 천정에 눈이 백 개쯤 붙어 있어 침대에 있는 자신을 내려다본다고 했다. 끝없는 환청… 여기서 벗어나기까지는 꼬박 2년 6개월이 걸렸다. 그는 그 지옥 같은 고통에서 천천히 걸어 나와 이젠 어른이 되어가고 있다.

대학은 아들에게 학교 이상의 의미가 있다. 세상으로 다시 나가는 출구요, 치유다. 만약 아이와 함께 그런 고통을 겪지 않았다면 나는 지금 이 상황을 이렇게까지 감사할 수 있었을까. 삼년 만에 또래 친구들을 만나고 사귀고, 수업을 듣는다. 아들의 학교 이야기를 듣고 있노라면 마치 아가가 첫발자국을 떼는 것을 보고 감격하는 기분이다.

아들 방 책꽂이에는 고등학교 앨범이 꽂혀 있다. 졸업하지 않은 그 학교의 앨범이다. 담임선생님이 한 권 챙겨와 주셨다며 소중하게 쓰다듬는다.

"친구들은 다 있잖아. 선생님들도."

네 사진도 없는 앨범은 왜 가지고 있으려 하느냐는 내 질문에 대한 대답이다. 고맙게도 이제 더 이상 학교를 중퇴한 일이 상처가 되지 않는 모양이다.

'그새 많이 컸구나. 단단해졌구나.'

길은 수백 갈래이고 그 길들은 다 통한다. 그래서 길이 없다고 말할 수 없다. 다만 다른 길로 들어설 자신이 없는 것뿐이다. 아들과 나는 지난 시련의 세월들을 이렇게 배웅한다. 그리고 그 시련이 결국 인생의 위대한 스승이 되었다는 깨달음에 엎드려 감사하고 싶다. 🍃

내 아이들이 아프면 가슴 찢어지고, 또 그 아이들이 회복되면
하늘을 날 것 같다. 나는 그렇게 널뛰듯 오늘을 살고 있다.
새롭게 어떤 일을 시작할지 설레기도 하고 때로는 상처받는다.
인생은 그런 것 같다.

인생은 오늘도 '수선 중'

GE 잭 웰치Jack Welch의 부인 수지Suzy 웰치의 텐텐텐10-10-10법칙은
자신의 상황이 아주 복잡해서 어디서부터 어떻게 다시 시작해야 할
지 알 수 없을 때 유용하다. 간단하게 설명하자면 지금 내린 판단이
10분 후, 10개월 후, 그리고 10년 후 삶에 어떤 영향을 끼칠지 생각해
보고 결정하라는 것이다. 인생의 모든 선택과 결정의 순간 앞에 10분
후는 바로 지금, 10개월 후는 예측 가능한 미래, 10년 후는 먼 미래를
의미한다.

나는 예전에 직장을 그만두는 문제에 있어 이 법칙을 적용했다. 재미있는 것은 그렇게 고통스럽게 갈등을 겪고 고민하던 문제가 이 법칙을 적용하는 순간 생각보다 꽤 단순한 일로 변한다는 점이다.

'아예 회사를 그만둔다. 완전히 치유될 때까지 아들을 24시간 돌본다.' 이 명제는 나로서는 참 큰 결정이었다. 그러나 10개월 후 고통 속에 빠져 있는 아이가 완쾌된다면 얼마나 기쁠까. 내 직장쯤이야 던져도 무슨 상관이랴. 새파란 청년시절 겪는 아들의 고난에 온몸으로 뛰어들어 회복을 돕는다. 10년 후 내 아들은 오늘을 이긴 훌륭한 사람으로 성장할 것이다. 이렇게 따지면 망설이고 말고 할 일이 아니다.

그러나 올바른 선택이라고 해서 늘 좋을 수는 없다. 제대로 판단해서 선택한 길을 간다고 하더라도 중간에 험한 계곡을 만나고 폭풍우를 다시 견뎌야 할 일도 있다. 그럴 경우 종종 후회도 한다. 매스컴을 통해 성공한 사람들 인터뷰를 보면 난 많이 부럽다. 그냥 힘들어도 회사생활을 하며 견딜 걸 그랬나 할 때도 있다. 사람이 아무리 망각의 동물이라지만 아이가 거의 완치되면서 이런 후회는 더 자주 한다. 그리고 다시 뭔가 시작하고 싶은 소망이 피어오른다.

'뭘 해볼까, 어떤 일을 시작해야 성공할 수 있을까.' 모든 실직자들의 머릿속을 헤집고 다닐 이 주제는 내게 제일 큰 인생의 과제로 떠올랐다. 하루에도 몇 번씩 내 마음속에 희망을 던졌다 한없이 폭풍우를 몰아쳤다 하는 괴로운 고민이다. 그러나 괴롭다고 피해 있을 수는 없는 일이다. 아무튼 정면으로 바라보고 해결해야 한다.

아름아름 믿을만한 지인들한테 이제부터 일을 해야겠노라고 넌지시 알리고 다녔다. 대놓고 '나 일 좀 하게 해 줘.'라고 얘기하기는 뭔가 자존심도 상하고 그들에게 부담도 주는 듯해 빙빙 돌려 얘기했다. 이제 가정사가 해결되었노라고, 내 아이들이 건강해져 내가 집에 더 이상 있을 필요 없게 되었노라고 했다. 깔깔 웃어가며 농담처럼 얘기했지만 속은 타들어가는 것 같았다. 열흘 손님 하루가 급하다고, 일을 해야겠다고 생각한 그 순간부터 답답해서 견딜 수 없었다. 어떻게 나는 일 년을 꼬박 집에 있었을까.

이력서도 썼다. 이십 몇 년 만에 써보는 이력서다. 지인이 헤드헌팅 회사를 운영하는 친구도 소개시켜줬다. 일단 여자인데다 나이가 많고, 스펙도 부담스럽다는 그의 난감한 표정도 모르는 척했다.

'알게 뭐야. 그러니 헤드헌팅이지. 내가 20대 유쾌 발랄 신입사원으로 시작할 수 있는 사람이면 당신 만났겠냐? 헤드헌팅계의 대부라는 당신 능력을 보여 달란 말이야.'

결론을 얘기하면 무수한 총알과 화살에 만신창이가 되다 못해 결국 화염 폭격으로 장렬하게 전사한 느낌이었다. 드문드문 제안 받은 자리를 열거해 보면 일단 H라는 브랜드를 론칭한 외식 프랜차이즈 회사 임원. 원래 외식 비즈니스가 나의 주요 업무였으니 웬만하면 반가워하겠는데 그 브랜드가 결코 심상치 않다. 일반인들은 그저 온라인 마케팅으로 유명해져 있으니 장사가 잘되는 줄 안다. 그러나 제대로 들여다보면 적자투성이에 위태위태한 재정구조가 결코 1년을 넘기기 어렵다는 것이 내 판단이었다. 당연히 거절했다. 이유도 모른 채 욕먹었다.

다음은 기업에서 이제 막 외식사업을 시작하는데 유기농 아이스크림과 과일주스 브랜드를 수입한다고 한다. 내가 맡을 업무는 론칭 총괄책임. 문제는 아이스크림과 과일주스 단가가 1만원을 넘어선다는 데 있다. 재벌 오너께서 고급품질을 제일 중요하게 생각하신단다. 아이스크림 한 개에 만원이라. 이것도 정중하게 거절. 한국에서 실패할 게 뻔한데, 저는 만 원짜리 아이스크림 책임진다고 나서기에는 아직 양심이 시퍼래서요.

다른 오퍼도 비슷하거나 황당했다. 차라리 신입사원 월급을 받더라도 이거다 싶은 작은 회사가 있으면 이 나이에 책상부터 닦을 용의가 있는데 너무 뻔히 실패가 눈에 보이는 회사에 가서 일이년 기운 뺄 자신이 없었다. 아무리 일이 하고 싶지만 나 자신을 그런 식으로 기만하고 싶지 않다. 이런 나의 태도에 선배가 한마디 했다.

"네가 아직 배가 부르지!"

그러면서도 나는 행복했다. 아무튼 일에 대해 생각하고 추진하고 있는 중이란 말이다. 이리저리 마음 써 준 지인들에게 면박을 당하면서도 은근 마음이 좋다. 시간이 걸려서 그렇지 되긴 되겠구나. 그래, 다시 일을 시작하는 거야.

그러던 어느 날 민혁이가 갑자기 다시 쓰러졌다. 대학생이 되고 한 달 만이었다. 대학에 가고서는 또래 친구들, 디자인 수업, 캠퍼스 생활 덕분에 아들은 놀랍게 좋아지고 있었다. 이제는 다 나았다고 생각할 정도였다. 연락을 받고 응급실로 달려가니 민혁이 상황을 잘 모르고 있던 친구들이 당황해서 민혁이 침대 주변에 웅성거리고 있다. 오랜만에 민혁이의 공황발작에 나는 또 무너지고 있었다.

"어쩌다가 그럴 수 있어요. 차츰 횟수가 줄어들 거예요. 본인이 어른이 되어가며 컨트롤이 가능해질 테니 말이죠."

나는 또다시 하늘이 무너지고 땅이 꺼지는데 너무나 태평스러운 의사의 소견에 어이가 없다. 의사만 아니라면 몇 대 따귀라도 갈기고 싶다. 나는 상처 입은 짐승처럼 눈에 핏발을 세우고 세상 모든 것이 거슬리고 미칠 것 같았다. 아직 끝난 게 아니었어. 너무 일찍 마음을 놓았어. 나는 지쳐 잠든 아들의 얼굴을 들여다보며 심장이 갈기갈기 찢어지는 것 같았다.

"어떤 심리학 교수가 너무 힘들 때면 멈춰 서서 자신이 겪고 있는 불행을 남의 일처럼 객관적으로 바라보는 시도를 해보라는 거야. 그러면 그 불행에 휩쓸리지 않는다고. 이번에 시도해 봤어. 휩쓸리지 않기는 개뿔. 더 눈물 나더라."

사업 키우느라 미친 듯이 일만 하던 내 친구가 그 사이에 무려 15살 어린 여자애랑 바람난 남편 때문에 이혼도장 찍은 날 한 얘기다. 평생을 순탄하던 그녀의 인생에 처음 겪는 불행이었다고 했다. 심리학자가 단지 책 팔아먹기 위한 얘기였다고 욕을 해댔다. 그러나 나는 친구의 말을 듣는 순간 그 심리학자가 가르쳐 준 대로 해보고 싶어졌다. 더 이상 불행해지고 싶지 않아서였다.

'그래. 천천히 가자. 아들도 아주 많이 좋아졌잖아. 아들이 겪은 그 고통이 그 아이의 인생에 얼마나 큰 밑거름이 될지 기대해도 좋지 않겠어? 아주 긴 인생 여정 중에 한 대목일 뿐이잖아. 둘째 녀석 신경성 위염도 언제 재발할지 몰라 노심초사하지 말자. 그 아이가 인상만 한 번 써도 안절부절 못하는 것도 그만하자. 둘 다 좋아지고 있지 않은가 말이다. 감사한 일이다.'

내 아이들이 아프면 가슴 찢어지고, 또 그 아이들이 회복되면 하늘을 날 것 같다. 나는 그렇게 널뛰듯 오늘을 살고 있다. 새롭게 어떤 일을 시작할지 설레기도 하고 때로는 상처받는다. 그러면서 열심히 앞으로 나아간다. 인생은 그런 것 같다. 때로는 객관적으로 타인처럼 한 발 물러서서 나의 아픔을 꿰매고 수선하며 가꾸어 가는 것. 그것이 내게 주어진 성실한 오늘의 숙제가 아닐까. 🍃

PART 4

나답게 살기 위한
용기

내가 행복하려면 내가 사랑하는 사람이 행복해야 한다.
브레이크 없이 달려오던 직장생활을 내려놓고
일 년을 '진짜 엄마처럼' 살아 보니 아이들이,
또 가족이 행복해져야 내가 행복하다는 사실을 깨달았다.

유쾌한 행복사전

행복이라는 사전에는 어떤 단어들이 담겨 있을까. 행복을 의미하는 수많은 단어들이 칸 맞춰 빼곡히 들어 있으리라. 그 사전에는 찾을 수 없는 말도 있을 것이다. 그중 하나가 '행복해지고 싶다.'라는 문장이다. 이미 행복한 사람은 '행복해지고 싶다.'라고 말하지 않기 때문이다.

미국의 에이브러햄 링컨은 '인간은 자신이 행복하려고 스스로 결심하는 만큼만 행복할 수 있다.'고 했다. 우리는 얼마나 행복을 결심하는가. 그저 남의 일처럼 한발 떨어져서 부러워만 하거나 엉뚱한 데서 열심히 행복을 구하고 있지는 않는 걸까?

내가 행복한 장면 1

한참 여름으로 가는 6월 유난히 후덥지근하다. 오전 내내 맘먹고 대청소를 했더니 그나마 기분이 좀 나아진다. 점심에 모처럼 엄마와 마주앉았다. 평일 대낮에 엄마랑 둘이 밥 먹는 경험은 참 드문 일. 찬 맥주를 한 캔씩 땄다. 안주는 멸치와 꽈리고추를 고춧가루 마늘 양념으로 센 불에 슬쩍 볶아낸 것이다. 따끈하고 달콤한 매운맛에 아삭아삭한 고추가 찬 맥주와 아주 잘 어울린다. 별로 경험해 보지 못한 한가한 평일 오후. 초로의 엄마와 중년의 딸이 마주앉아 맥주를 마신다. 음악도 틀어 놨다. 나른한 오후에 유키 구라모토를 듣는다. 〈루이스 호수〉Lake Louise. 매일 일만 하던 내가 조금은 어색하게 '한가한 사람' 흉내를 낸다.

내가 행복한 장면 2

"완벽하다!"

저녁식탁에 앉아 밥을 먹다 말고 딸아이가 내지른 감탄사이다.

"뭐가?"

"지금 이 상황이 말이야. 학교에서 돌아왔는데 열쇠로 문을 열지도 않았지, 들어오니 맛있는 냄새나지, 반찬도 많지, 엄마도 있지!"

눈웃음까지 지으며 활짝 웃는 딸애의 얼굴이 복숭아처럼 예쁘다.

아이들을 기다리며 모처럼 내 손으로 저녁을 차렸다. 두부랑 감자, 풋고추 넣어 된장찌개 끓이고, 꽃상추를 뚝뚝 뜯어 오이를 섞은 샐러드를 무쳤다. 차돌박이를 굽고, 매콤 달콤하게 떡볶이도 조금 했다.

'점수가 후하기도 해라, 이 정도 가지고 뭘.'

직장생활을 하며 늘 밤늦게 퇴근한 내가 가장 해보고 싶은 '완벽'은 학교에서 돌아와 방에 들어가는 아이에게 '빨리 씻고 와. 밥 먹자.'라고 소리 지르는 것.

내가 행복한 장면 3

최근까지 나는 '가짜 엄마'였다. 분명 아이를 내가 낳기는 했는데 엄마 같지는 않은 존재랄까. 일을 완전히 쉬고 나서야 '엄마'를 아이들에게 '선물'할 수 있었다. 일단 아이들이 아침에 눈을 뜨면 엄마를 본다. 엄마 목소리를 듣는다. '잘 잤어?' '아침 뭐 먹을까?' '밥 먹을래? 빵 구울까?' '잘 다녀와.' '언제 와?'

저녁에 집에 온 아이에게 '잘 다녀왔어?' '배고파?' '불고기 했어. 맛있겠지? 씻고 와.' 이런 일상의 대화가 아픈 아들에게는 치료약으로, 외로웠던 딸에게는 선물이 되었다.

"엄마가 새로 시도해 본 거야. 타르트. 굉장하지? 디저트로 준비했네요. 엄마가."

"응 엄마 굉장해. 속은 하나도 안 익었어."

"엄마 저녁밥은 왜 없어?"

"다이어트 할 거야. 막걸리에 요구르트 부어 먹으려고."

"그것만 먹어야지 다른 건 안 돼."

"너무 부실하지 않을까? 골다공증 걸리면 어떻게 해?"

주섬주섬 오리고기 구운 거 어묵볶음, 계란말이, 애들 반찬을 골고루 집어먹는다.

"다이어트 한다는 소리를 마. 그냥 먹어. 엄마. 별로 뚱뚱해 보이지는 않아. 배만 가리면."

"배 때문에 하는 거야."

쉬지 않고 반찬을 집어먹으며 나의 다이어트 플랜을 아이들과 떠들어댄다. 이젠 아이들이 믿지도 않는 다이어트 전략. 끝내 폭소. 오늘까지만 먹고 내일부터 모질게 다시 시작하는 걸로 훈훈하게 마무리한다. 저녁식사를 먼저 마친 딸애의 댄스 타임. 컴온 베이베. 흥겨운 음악이 시작되고 그녀 특유의 뻣뻣 댄스 시작. '나도 여자예요. 베이베~' 대목이 절정이다.

아직도 젓가락을 놓지 않은 나는 들썩들썩 팔만 흔들며 성의껏 호응한다. 아들은 제대로 구워지지 않았을지언정 엄마가 처음 만든 타르트를 예의상 먹을 수 있는 부분만 발라먹고 있다. 그는 춤추는 여동생은 쳐다보지도 않고 그저 '어, 많이 늘었네.'라며 영혼 없는 칭찬을 늘어놓는다. 설거지 이후에도 이어지는 학교 얘기, 동아리 선택, 담임 선생님, 같은 반 잘생긴 남자애 얘기까지 딸아이와의 수다는 끝도 없다. 내 인생 첫 경험이다.

무엇보다 행복을 위한 우선순위를 새롭게 할 필요가 있다. 일, 신앙, 가족, 부…살아가면서 이 모든 균형이 무엇보다 중요하다. 내가 행복하려면 내가 사랑하는 사람이 행복해야 한다. 적어도 내가 브레이크 없이 달려오던 직장생활을 내려놓고 일 년을 '진짜 엄마처럼' 살다 보니 아이들이, 또 가족들이 행복해져야 내가 행복하다는 사실을 깨달았다. 놀라운 발견이다. 이렇게 가까이, 이렇게 쉽게, 이렇게 귀한 행복이 마구 뿌려져 있다니!

자기 자신과 사이좋게 지내는 일은 생각보다 어렵다. 이 부분에 대해 크게 생각해 보는 경우도 사실 없다. 타인과의 관계는 대개의 경우 웬만하면 잘 지내려 노력한다. 설령 나에게 좀 서운하거나 상처를 주는 일이 있더라도 지속적인 관계를 위해 벌컥 화를 내거나 관계를 깨 버리는 일은 없다. 남에겐 칭찬도 자주 한다. 상대가 특별히 뭘 잘해서가 아니라 응원을 위해서 마음에 없는 소리도 거리낌 없이 하곤 한다. 그러나 스스로에게 칭찬과 위로, 응원, 격려 이런 선물을 주는 사람은 그리 많지 않다. 오히려 스스로에게 더 인색하다. 나 역시 마찬가지이다. 머리로는 알면서도 가슴으로 실천하기 참 어려운 일이다.

내 고등학교 동창 중에 별명이 '거울 공주'인 친구가 있다. 별명 그대로 거울을 끼고 사는 애다. 수업시간에도 교과서보다는 거울을 더 자주 보는 바람에 성적은 '양'가집 규수라는 별명을 추가했다. 그런 그녀가 지금은 동창 중에 제일 잘 산다. 특별히 미스코리아 출전 몸매도 아니고 친정 부모님이 빌딩 재벌도 아니다. 다만 그 친구는 자기 사랑이 참 지혜로웠을 뿐이다. 자기 자신에 대해 그 친구만큼 자신감이 넘치는 경우도 없다.

'이 직장에 들어오다니 나는 참 운이 좋아.' (걔네 회사는 다음해 부도 났다.) '다섯 번 만에 합격하다니, 수고 했어 참 잘했쪄용~.' (지인 중에 운전면허 4수한 이는 개 하나다.) "진급이 안 되는 게 대수야? 최선을 다 했잖아. 더 좋은 일이 있을 거야" (그 회사에서 제때 진급 못한 유일무이한 기록) '이것 좀 봐 주름이 너무 우아하게 지지 않니.' (그래 너 좋을 대로 생각해라.)

그 친구는 스스로에게 매우 만족하는 천성을 가지고 있다. 무슨 일이 있어도 스스로에게 괜찮다고 말해 주고, 만일 좋은 일이 있으면 스스로를 마음껏 칭찬한다. 이런 친구의 천성 때문인가. 지방대를 졸업하고 중소기업에서 조용히 근무하던 그가 지금은 남편과 함께 이름만 대면 누구나 알만한 중소기업 CEO가 되었다. 동창들이 모이기만 하면 그의 성공을 우리 여고 3대 미스터리 중 하나라고 의아해하지만 나는 그 친구가 스스로와 친하게 잘 지내는 내공으로 결국 성공을 끌어당겼다고 믿는다. 아무리 일류 대학, 일류 기업 배지를 달고 있으면 뭘 하나. 스스로와 관계가 나쁘면 운도 성공도 따르지 않는 법이다.

사람은 누구나 자신이 사랑받을 자격이 충분하다고 확신할 때 행복을 느낀다고 한다. 자신을 누구보다 먼저 사랑해야 타인으로부터 사랑받을 자격이 있다는 확신도 생긴다. 내가 불행하면서 남을 행복하게 할 능력이 어디 있을까? 먼저 스스로에 대해 관심을 갖고 격려해야만 행복이라는 에너지가 뿜어 나오는 것 아닐까?

행복은 말처럼 쉬운 게 아니다. 행복이라는 뜻의 영어단어 'happiness'

는 스칸디나비아어 'hap'에서 유래했다고 한다. '운이나 기회처럼 아주 드물게 일어나는 일'이라는 의미이다. 우리가 일상을 살면서 행복하다고 느끼는 것은 아주 순간적인 일이다. 그래서 행복을 느끼지 않는 순간도 불행이라고 하지는 않는다. 그냥 평범한 일상이다. 돈 들이고 시간 내서 책 사 보고 강연을 들어가며 행복을 연구한다고 행복해지지 않는다.

진정 행복해지는 건 결국 행복에 초연한 것이다. 행복사전에 없는 '행복해지고 싶다.'를 뒤져 찾아내는 건 불가능하다. 그저 행복사전에 차고 넘치는 여러 가지 단어들을 우리는 곱씹으며 즐기면 된다. 그 단어 중에 가장 자주 등장하는 것은 '당신이 행복하면 좋겠어요.' 이다. 그리고 나에게 '사랑한다, 괜찮다, 잘하고 있다.'고 말해주는 것. 유쾌한 행복사전의 단골 단어이다. 🌀

남의 문제에 나서서 두 팔 걷어붙이고 해결하다 보면
내 문제도 슬그머니 덤으로 해결되는 비밀도
이제야 알게 되었다.

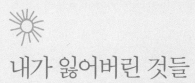

내가 잃어버린 것들

　좋은 삶이란 어떤 것일까. 누구나 살면서 문득 궁금해 하는 질문이
다. 나는 좋은 삶을 누리고 있나. 세월이 흐르며 점점 좋아지고 있는
가. 혹시 예전보다 더 나빠지고 있는 건 아닐까. 나이를 먹으며, 세상
에 부대끼며 언제 어디서인지도 모르게 혹시 내가 잃어버린 것들은
무엇일까.

부드러움, 너그러움

직원들은 내가 맡은 사업부에 근무한다고 하면 다들 참 힘들겠다는 소리를 듣는다. 나는 직장에서 너그럽거나 부드러운 이미지가 없다. 물론 처음부터 그런 건 아니었다.

대리로 진급해 기고만장해진 20대의 나는 한마디로 활활 불타는 열정 그 자체였다. 마침 삼성물산에서는 유통 사업을 시작한 초기였기 때문에 유통 경력 사원들을 대거 채용하는 시즌이었다. 주로 타백화점에서 근무 경력이 있는 사원들은 '삼성'이라는 브랜드에 열광하며 치열한 경쟁률을 뚫고 속속 입사 러시를 이루었다.

경력사원이 입사를 하면 실무자들에게 OJT_{기업의 직원 훈련 방법}를 맡긴다. 그때 나는 의욕이 넘치다 못해 폭발하는 시기였기 때문에 6명으로 그룹 지어진 경력사원들을 위한 프로그램에 최선을 다했다. 문제는 내게 배당된 직원들이 인사팀에 찾아가 왜 여직원에게 OJT를 받아야 하는지 묻는 데 있었다. 지금이야 난센스처럼 들리지만 딱 20년 전 여자 대리도 희귀했던 당시에는 그랬다. '어라 이것들 봐.' 오기가 발동한 나는 악착같이 직원들을 들볶아 나에게 교육받은 그들이 동료 중 최고점수를 받게끔 만들었다. 이를 위해 회사가 들썩하게 악명 높아진 건 당연한 결과였다.

이 난리를 치는데도 불구하고 그들 중 한명이 남들에겐 꼬박 선배님, 대리님 하면서 나한테는 '누나라고 불러도 돼요?'란다. '아직도 만만하냐? 오늘 아주 죽어 볼래?' 직장생활 내내 쎈 언니 이미지에서 벗어나지 못한 원인에는 이렇듯 고달픈 스토리가 있었다 이 말이다. 원래는 부드러운 여자였었어요 라고 할밖에. 믿거나 말거나.

여유, 배려

아들은 아픈 그 와중에 아르바이트를 몇 번 한 적 있다. 의사의 권유가 있었고, 집에만 있기에 답답하기도 해서였다. 건강하지도 않은 아이가 커피숍, 베이커리에서 아르바이트를 하니 나는 얼마나 가슴을 졸였겠나. 동네에서 슬쩍슬쩍 왔다갔다 들여다보고 또 보고, 차라리 내가 대신 해주고 싶은 마음까지 들었다.

예전 직장생활 때 왜 그렇게 직원들에게 인색했는지 모르겠다. 나는 직장에서 인색한 사람이었다. 내 책임 아래 직영 매장이 20개가 넘다 보니 사건사고가 늘 넘쳐났다. 그중 하나가 아르바이트 무단결근. 무조건 아웃이다. 내가 매장별 직접 챙기지는 않지만, 그 원칙을 세워 지침으로 내려준 건 나다. 매장별 사정도 있는데 내 기준이 늘 중요했다. 태도가 불손해도 아웃, 용모가 단정치 못해도 아웃이다. 찬바람 쌩쌩 불게 느껴지는 회사, '너희는 프로다.' 외쳐 가며 잘못한 일에 대해 '엄중처벌'이 모토였다.

참 '깐깐하고 무서운 상사'가 내 이미지였다. 솔직히 고백하건데 과연 그 깐깐함이 회사를 위해서 만이었을까. 돌이켜 생각해 보면 늘 내 욕심이었을 게다. 동료나 후배들에게도 사랑으로 감싸기보다는 '내 앞길 방해 마라. 너의 실수 때문에 손해 보는 건 못 참는다.'라는 오만이 '무서울 만큼 철저한 직장인'이라는 가면을 쓰고 있었던 게 아닌가 싶다. 좀 더 여유 있게 주변을 배려하며 함께 나아가는 것이 지름길이었다는 사실을 이제야 아프게 깨닫는다.

나 스스로를 사랑하는 법

활자 중독으로 한동안 고생한 적이 있다. 뭐든 손에 들고 읽지 않으면 안절부절 못하는 증상이다. 책을 유난히 좋아해서는 아니다. 무언가를 계속 하지 않으면 죄책감을 느끼는 이상한 병인 게다. 벌 서는 것처럼 늘 긴장하고 무조건 결과물이 나와야 마음이 놓이는 강박증이 있었다. 못할 것 같은 일도 시작해 놓으면 이루어진다는 〈채근담〉菜根譚 속의 이야기를 절대 사실인양 부여잡고 나 스스로를 많이 괴롭혔다. 늘 비교하는 것은 훨씬 잘나가는 사람들의 성공 스토리. 뱁새가 황새 어쩌고 하는 얘기는 진부해서 안 하련다. 나는 나를 있는 그대로 바라보고 사랑할 줄 몰랐다.

있는 그대로 인정하기

모든 말의 서두를 '그게 아니고요.'로 시작하는 직원이 있었다. 일을 하면서도 하루 종일 불평불만을 쏟아놓으며 동료든 누구든 닥치는 대로 힐난하는 게 습관이 되어 있었다. 당연히 그는 조직 부적응자로 낙인 찍혔다. 문제는 일을 꽤 잘한다는 거다. 반대의 경우도 있다. 일단 조직에서 적이 없다. 모두들 그를 좋아한다. 식당에서 주문할 때 그 직원의 메뉴는 '같은 걸로' 이다. 그렇게 융화의 핵인 그는 업무에 있어서는 유능하지 않다. 이 둘을 어쩔 건가.

직장에서는 이런 모습을 드물지 않게 만날 수 있다. 회사 사람으로 있을 때에는 늘 직원의 장점보다는 단점에 더 신경 쓰였다. 조직 파워에 대한 조바심과 불안증 때문에 나는 늘 다른 사람의 약점에 집중하게 된다. 그래서 자꾸 바꾸려 한다. 조직에 맞춘다는 미명하에 내 맘에 맞도록 뜯어고치려는 노력이 습관이 되었다. 지나고 보니 있는 그대로 그들을 바라봐줄 걸 그랬다. 그 편이 훨씬 더 즐겁고 생산적이었을 텐데 말이다. 일 잘하는 사람은 잘하는 일에 감탄하고, 조직에 유연한 사람은 그것 때문에 칭찬하는 것이 지혜. 나는 청개구리처럼 거꾸로였다.

할 수 없는 것 쿨하게 인정하기

모두들 스스로를 오해하고 있다. 자신은 정직하고 유능해서 꽤 쓸 만하다고…. 오해다.

같잖은 그 재주를 가지고 성공이니 능력이니 성과에 매달리는 것은 스스로를 유능하다고 보는 착각에서 비롯된다. 일단 하면 된다고 외치고, 할 수 없음을 깨닫기까지 온 성품이 피폐해진다면 그것은 분명 손해 보는 장사임을 이제야 안다. 내가 그랬기 때문에 마음 깊이 깨닫는다.

인생의 목표에 대해 아주 높은 것과 만만한 것 어느 쪽이 낫다고 단정 지을 수는 없다. 도전하지 않는 삶도 나쁘지만, 삶에 대한 가치관이 무엇이냐에 따라 후회 없이 즐길 수 있는 기준을 마련하는 것도 때에 따라 지혜로운 거다. 할 수 없는 건 할 수 없다고 쿨 하게 인정해야 한다.

당신의 인생도 바라보기

칭찬은 고래도 춤추게 한다지만 저 고래는 춤추게 해주고 싶지 않다. 네버! 이런 시절이 있었다. 직장생활은 전쟁이다. 일로 엮인 사람들은 식구들보다 자주 본다. 괴로운 인간들이 가장 가까이에 있는 법이다. 저 인간 때문에 회사 다니기 싫다는 생각도 부지기수로 하는 곳이 회사다. 그때는 몰랐다. 그 모든 님들이 모여 우리가 되었다는 사실을. 그 울타리를 벗어나면 결코 춤추게 하고 싶지 않던 유일한 고래가 그럭저럭 꽤 괜찮은 사람이었다고 깨닫는 순간마저 온다.

내 것 챙기기에 두 눈 시퍼렇다가 남의 어려움, 부족함에 눈이 가면 그때 비로소 사람 되는 거라는 어른들 말씀이 이해되는 나이가 되었다. 네 문제 바라보며 두 팔 걷어붙이고 해결하다 보면 내 문제도 슬그머니 덤으로 해결되는 비밀도 이제야 알게 되었다. 🐋

남들이 나답다고 하는 것에서
이제는 벗어나는 연습을 시작해야겠다.
남들 눈에 나다운 것은 사실은 나답지 않은 것들 투성이었다.

나답지 않은 인생과 결별하기

"우리는 그런 잔으로 안 마십니다."

그가 내미는 소주잔은 얌전히 테이블 한쪽으로 밀어 내놓는다. 호기롭게 맥주 글라스를 요청해서 소주를 가득 찰랑찰랑 부어 내 앞의 그대도 한잔, 평소 뒤에서 나 씹느라 바쁘신 저쪽 분도 한잔, 우리가 남이가 원 샷입니다. 그리고 이어지는 한마디 "한잔씩 더 하실래요?" 룸살롱 언니들 얘기가 아니다. 마흔다섯이 되기 전까지 내가 저지른 수많은 만용 리스트 중 하나이다.

나는 주로 상대방의 기를 꺾어놔야 하는 상황이 생기면 술을 마셨다. 특히 여자라서 만만해하거나 혹은 불안해하는 거래처나 상사를 보면 단기 효과를 일으키기에 술만 한 것이 없다. 함께 마시던 상대가 술집을 제대로 걸어 나갈 수 없는 사태가 벌어질 때도 있다. 그러면 나는 어리석게도 승리감에 도취되었다. '술은 정신으로 마시는 것'이 나의 모토였고 전술이고 무기였다. 그런 여자 후배들이 회사에 또 있었다. 이름 하여 회사 전설의 3대 주당. 그 고수들은 아직도 어느 무림에 지존으로 남아 있다.

지금 생각해 보면 미쳤지 싶다. 왜 그렇게 말도 안 되는 허세를 부리며 살았을까. 어떤 상황에서도 지고는 못 산다는 오만이 참 가지가지 하게 만들었다.

딸아이가 고등학교를 막 입학할 무렵 '고등학생으로서 나아갈 길'에 대해 주변으로부터 오만가지 충고에 파묻혔다. 그중 수학학원 선생님이 핏대 올리며 강조하던 충고 하나.

"학교에서 무슨 대회 참가할 사람? 하면 무조건 '저요.' 하고 손들어야 돼. 학급에서 ○○책임부장 해볼 사람? 그래도 무조건 '저요.'를 외쳐. 그게 뭔지는 중요하지 않아. 무조건 많이 이것저것 해야 생활기록부에 올라가고 대학 가는 데 유리해."

'아이고. 선생님. 그냥 수학만 가르치시면 안 될까요? 애들한테 그렇게 말씀하시면 어쩌냐고요.'

그러나 모범생 우리 딸은 선생님 말씀에 착실히 부응해가며 모든 대회와 모든 학급 일들에 '저요, 저요.' 하며 눈 코 뜰 새 없이 바쁘다.

좋아하는 분야건 아니건 간에 일단 양다리, 세 다리, 문어발식으로 동아리활동부터 대회전에 이르기까지 가리지 않는다. 그러다 점점 모든 학교일에 시큰둥해지고 있다. 지친 것이다.

어른이나 애나 똑같다. 일단 타인이 만들어 놓은 기준이나 룰에 맞춰 목말라하며 달려든다. 자신이 어떤 일을 좋아하는지, 무엇을 잘하고, 앞으로 어떻게 인생을 꾸려나가야 할지 차근차근 생각하기보다는 사회가 만들어놓은 기준과 타인의 찬사에 목을 매기 마련이다.

나도 그렇게 젊은 날 대부분을 보냈다. 한마디로 '당신의 평가가 나의 행복입니다.' 시리즈로 지나 온 것이다. 무작정 열심히 하고, 일하지 않으면 불안한 증상도 그래서 생겼다. 나와는 조금 달라도 윗사람이 좋다고 하면 마냥 신나서 머릿속의 고민이 사라져 버리는 병도 오랫동안 앓았다. 그리고 그런 세상에서 갑자기 뚝 떨어져 나와 그렇게 살았던 나를 다른 사람처럼 아주 객관적으로 바라보니 참 낯설다.

태어나면서부터 사람마다 각자 다르게 생긴 거 아닌가. 그런데 왜 그렇게 남들 눈, 판단, 기준에 내 모든 걸 걸었을까. 나답게 나 생긴 대로 살지 못하고 나답지 않은 인생으로 힘들게 버텨왔느냔 말이다. 싫으면서도 계속 떠밀려가며 나를 둘러싸고 있는 환경이 그렇기 때문이라고 변명을 늘어놓으며 살았다.

그럼 대체 나다운 인생이란 무엇일까. 어떻게 살면 나답게 살아가는 것일까. 지인들이 어쩌다 '너답다, 다워.'라고 할 때 그게 나인가. 그런 의미에서 명확한 건 몇 가지 없다. 누구에게나 할 말은 하고 사는 것, 그러나 그게 너무 직선적이라는 것, 지고는 못 사는 욕심쟁이 (만약 졌다고 판단될 경우 분해서 잠 못 자다 결국 복수를 꿈꾼다.) 남들에게 인정받기 위해 쓰는 에너지가 인생의 대부분이라는 것, 대충 이 정도 아닐까.

첫애를 낳았을 때 대한민국이 IMF로 몹시 소란스러웠다. 그때만 해도 출산휴가는 60일뿐이었다. 온 나라가 뒤숭숭하고 정리해고다 명예퇴직이다 하루에도 몇 만 명이 실직자가 되는 살벌한 시기였다. 애기를 낳고 집에서 몸조리를 하는 내가 당연히 마음이 편할 리 없었다. 더군다나 그때만 해도 서른이라는 피 끓는 청춘이었는데, 내 신경은 온통 회사로 향해 있었던 것 같다.

그때 회사 인사팀장으로부터 전화가 왔다. 시기가 시기인 만큼 회사가 어려우니 조기 출근이 가능하겠느냐는 거다. 당연히 조기 출근 가능합니다. '조기 출근 선호'를 외치며 출산 45일 만에 회사로 달려 나왔다. 지금 같으면 어림도 없는 일이지만 역시 20년 전에 이런 일이 가능한 이유는 '전화하면 출산휴가도 팽개치고 나올 사람'으로 내가 이미지화 되어 있었기 때문이다.

요즘도 고질적인 어깨통증에 시달릴 때면 난 아직도 그때 몸조리를 제대로 못해서였다고 구시렁댄다. 도대체 내가 없다고 회사가 어떻게 되는 것도 아닌데, 왜 그랬을까. 그러면 프로답게 남들에게 보이니까, 유세미답다는 소리를 듣게 생겼으니까 그런 거다. 이 얼마나 눈물겹게 어리석은 일이었는지 모른다.

남들이 나답다고 하는 것에서 이제는 벗어나는 연습을 시작해야겠다. 남들 눈에 나다운 것은 사실은 나답지 않은 것들 투성이었다. 남들에게 그렇게 보이고 싶은 인생이었을 뿐이다. 이제는 남들이 나답다고 하는 나답지 않은 것들과 결별하고 싶다. 그래야 정말 나답게 살 수 있으니 말이다.

결별하고 싶은 나답지 않은 인생. 습관적으로 아닌 척, 그런 척 하지 말자. 지금 생각해도 웃음이 터져 나오는 일이 많다. 회사 생활 할 때 야근이나 휴일근무 할 때면 으레 누군가에게 보여주고 싶은 심리가 발동한다. 휴일이라 직원이 거의 없는 적막한 사무실, 그런 휑한 공기를 나는 참 좋아했다. 타닥 탁 컴퓨터 자판소리만 들리는 조용한 사무실에 갑자기 나타난 보스. 그를 향한 나의 태도는 늘 휴일 마다 회사에 나와 남몰래 일하는 사람인 척. 야근도 마찬가지다. 술 마시고 늦게 사무실에 켜진 불빛을 보고 들어온 상사를 향해 매일 늦게 일하는 건 열정 있는 직원으로서 당연한 척.

아이가 아파서 제정신이 아닌데도 공과 사를 칼같이 구분하는 척. 사실 이것이 척하기의 결정판이었다고나 할까. 아닌데 그런 척, 아파도 안 아픈 척. 이런 나와 이제는 결별하고 싶다. 모두에게 인정받아야 직성이 풀리는 나와 진짜 이별을 고한다. 이왕이면 이미 지나간 건 잊어버리고 미련을 버리고 싶다. 집요하게 지나간 일에 매달리는 나와도 결별하고 싶다. 가볍게 깃털처럼 말이다.

이제는 나답고 싶은 것이 무엇인지 생각할 여유가 생겼다. 예상치도 않았던 잠깐 멈춤이 내게 준 선물이다. 이런 브레이크를 나는 '인생의 작전타임'이라고 부르고 싶다. 나답고 싶은 것이 어떤 건지 생각할 기회를 주었으니 딱 들어맞지 않은가. 경기에도 작전타임에 새로운 전법을 만드는 것처럼 나도 내 인생의 작전타임에 후반전 전략을 세우고 있다.

무엇보다 나만을 위한 시간과 공간을 만들어내자. 그리고 무한경쟁에서 내려서자. 그것이 내 인생을 행복하게 만들지 않는다는 것을 이미 알았지 않은가. 좀 더 심심하게 살아 봐야겠다. 그리고 내 속에서 울려 나오는 소리에 귀를 기울이겠다. 제일 중요한 건 나답지 않은 내가 내 속에서 시도 때도 없이 튀어나오려 할 때 윽박지르지 말고 살살 달래며 떠나보내는 것이다.

'한 번씩 져도 돼. 괜찮아. 남에게 인정받는 것에만 목숨 걸지 마. 중요한 건 나야. 옳은 말이 언제나 좋은 건 아니야. 상처 주지 말자, 그 사람에게. 그도 나도 다 소중한 존재니까.'

내가 꾸는 꿈은 뭘까.

뭘 해야 너무 재미있고 가슴이 뛸까. 꿈을 꾸는데도 이 나이에는 계획이

필요하고 노력이 들어가야 하나 보다.

지금부터라도 원하는 삶을 살자

　나는 오디션 프로그램이 좋다. 정상을 향해 달리는 젊은이들의 열
정과 꿈을 보며 대리만족을 느낀다고 할까. SBS 프로그램 케이팝스
타 우승자인 11살짜리 친구의 인터뷰에 감동했다. 아마 준준결승 정
도 되었을 때였다. 목표가 어디까지인지 제작진이 질문했다. 그의 대
답은 이랬다.

　"원래는 이번 라운드를 통과하는 것이었는데 바뀌었어요. 이번 무
대에서 무조건 최고로 끝내기."

이보다 더한 목표가 있을까.

하나 더. 놀랍고 열광적인 노래를 마치고 무대 뒤로 퇴장한 어린 친구를 따라 카메라가 움직였다. "와, 너무 재밌어. 이거 정말 너무 재밌어." 그들에게서 쉬지 않고 반복되는 감탄사였다. 그 친구들은 공연 뒤에 오히려 흥분이 최고조였다. 그 나이에 이미 너무 재미있는 일을 찾은 그들이 부럽다.

좋아서 그 일을 하지 않으면 안 된다. 그게 프로다. 하고 싶은 것을 하지 못할 때 괴롭기 마련이다. 그러나 딱히 하고 싶은 게 없으면 답도 없다. 실제 좋아하는 일을 하며 사는 사람들이 과연 얼마나 될까. 좋아하는 일을 하기 위해 대학과 전공을 선택하는 아이들은 얼마나 될까. 그냥 오늘 하루 닥쳤으니 상황에 맞춰 살아내는 것은 내 인생과 관련 없이 사는 것이다. 내가 정말 좋아하는 일을 제대로 선택하는 법에 대해 고민해야 한다. 그래야 매일 행복할 수 있다.

'꿈? 그게 어떻게 네 꿈이야? 움직이지 않는데. 그건 별이지. 하늘에 떠 있는. 가질 수도 없는. 시도조차 못하는. 쳐다만 봐야 하는… 누가 지금 황당무계 별나라 얘기 하재? 네가 뭔가를 해야 될 거 아냐? 조금이라도 부딪치고, 애를 쓰고, 하다못해 계획이라도 세워봐야 거기서 네 냄새든 색깔이든 발라지는 거 아냐? 그래야 네 꿈이라 말할 수 있는 거지.'

드라마 〈베토벤 바이러스〉 중 내 마음을 울린 대사이다. '꿈이 뭐예요?'라는 질문을 받는 나이는 몇 살까지일까. 대통령이나 연예인이 꿈이라고 얘기하는 나이를 지나면 아무도 꿈에 대해 묻지 않는다. 나는 어렸을 때 의사가 되고 싶었다. 흰 가운에 판타지가 있었기 때문이다. 그 이후에는 광고회사에서 카피라이터가 되고 싶었다. 대학을 졸업하고 소원이던 광고대행사 입사시험에 줄줄이 낙방하고 삐져서 꿈을 접었다. 그 이후에는 꿈을 꾸지 않았다. 졸업하니 당연히 회사에 입사해 지지고 볶으며 먹고 살았다. 단지 먹고사는 일은 잡job이지 꿈이 아니다.

그런데 인생 전반전을 뛰고 하프타임에 벤치에 앉으니 다시 꿈을 꾸고 싶어졌다. 전반전에 남들이 만들어 놓은 '좋다는 거'에 목숨 걸고 살았으니 이제는 '내가 좋은 거'에 가슴 두근거리며 살아 봐야 억울하지 않을 듯해서다. 그러나 또다시 나를 당황시키는 건 그게 뭔지 내가 잘 모르겠는 거다. 노년에 궁상떨지 않을 만큼 연금저축 들고, 아이들 시집장가 가서 행복하게 살며 나 귀찮게 안하고, 뭐 머리를 짜내봐야 그 정도밖에 모르겠다.

내가 꾸는 꿈은 뭘까. 뭘 해야 너무 재미있고 가슴이 뛸까. 꿈을 꾸는데도 이 나이에는 계획이 필요하고 노력이 들어가야 하나 보다. 지금부터라도 내 가슴이 설레는 꿈을 찾아내고 싶다. 그래야 성공적인 인생 아닌가. 재료를 아끼면 맛있는 음식을 만들지 못하는 것처럼 꿈을 아끼면 성공을 만들지 못하니 말이다.

산다는 것은 결코 순조롭지 않은 일이다. 수학 공식처럼 1 더하기 1이 2라면 얼마나 간단할까. 그러나 실제 생활에서는 하나에 하나를 더하면 넷이 되기도 하고 제로가 되기도 한다. 마이너스가 되지 않는다는 보장도 없다. 변수가 너무 많은 것이 인생이다. 성실함이 더 이상 사회 트렌드도 아니다. 그래서 어렵다. 단순하게 사는 것도 내가 원하는 삶의 방식 중 하나이다. 내가 생각하는 방식대로 원하는 것을 얻는다. 남들의 사고방식이 내게 원하는 것을 주지는 않는다. 그래서 남이 아닌 '나'스스로에게 집중할 필요가 있다.

대한민국처럼 '인맥'에 목숨 거는 나라도 드물다. 주말마다 친하지도 않은 사람 결혼식을 챙기느라 가족과의 휴일을 즐기지도 못한다. 온갖 모임에 얼굴을 내밀면서 인맥이 유지되고 있음에 안도한다. 누가 물어보기라도 하면 한두 번 보거나 명함만 주고받은 사이가 모두 친형제 이상으로 부풀려진다. 이래서 대한민국에서는 한 다리 건너면 모르는 사람이 없다고, 나쁜 짓하고 살면 안 된다는 우스갯소리가 나온다.

인맥이라는 이름으로 남만 쳐다보느라 나를 돌볼 여유가 없다. 사회적으로 혼밥 혼술이 트렌드라는데 나는 언론에서 얘기하듯 불경기만이 원인은 아니라고 생각한다. 의무적으로 남과 어울려야 하는 사회 분위기에 신물이 난 것이다. 피곤한 사회에 대한 염증이라고도 표현할 수 있다. 인맥만 왕창 다이어트해도 인생은 대단히 심플하겠다. '○○에 아는 사람 있어?'에 대한 대답 예스YES가 능력의 잣대라는 강박에서 벗어나는 것만으로도 삶에 평화가 올 것이다.

지인 중에 산부인과 의사가 있다. 부부의사로 20년 넘게 개인병원을 운영했다. 그러던 어느 날 느닷없이 병원을 정리했다. 유학을 간다고 한다.

"밤에 잠이 안 와. 너무 가슴이 쿵쿵 뛰어서. 어떤 날은 소리지를 뻔했다니깐. 좋아 죽을 거 같아."

그녀는 미술을 전공하고 싶었다. 그러나 부모님이 '내 눈에 흙 들어가기 전'에는 안 된다는 반대에 부딪쳐 의대에 진학했다. 미술학도와 사랑에 빠졌으나 또한 흙 들어가기 전에는 안 되는 일이기에 의사와 결혼했다. 평생을 부모의 꿈 따라 살았다. 작년인가 하나뿐인 그의 아들이 영국에 있는 아트스쿨에 진학했다. 콩 심은 데 콩 난다고 엄마의 탤런트가 아이에게 그대로 유전된 모양이다.

"그 아이가 너무 부럽더라. 그러다 부러워할 필요가 뭐 있나 싶은 거야. 나도 지금이라도 하면 되겠다 싶어서."

더 드라마틱한 것은 남편이 더 좋아하더란다. 병원에 갇혀 하루 종일 일하며 이건 아닌데라는 회의 속에 괴롭게 살았노라고 고백하며 말이다. 결국 내 지인은 아들이 있는 영국으로, 남편은 국제 난민구호단체로 각자의 길을 갔다. 이제야 원하는 삶을 살아 보겠노라고. 서로를 축복하며.

행복한 삶은 누구나 꿈꾸는 인생의 목적이다. 그것을 이뤄가는 방법은 제각각이다. 로또 당첨이나 카지노 같은 일확천금을 꿈꿀 수도 있고, 매일 한 발씩 전진함으로 꿈을 이루기도 한다. 어떤 꿈을 꾸든 일단 날기 원하면 날개부터 가져야 하고, 높은 곳에서 뛰어내리겠다는 용기가 필요하다. 나는 어떤 꿈을 꾸는가, 양쪽 날개는 있는가, 당장이라도 뛰어내릴 용기는 과연 있을까?

　나는 내 지인처럼 평생 하던 일 접고 유학 갈 용기는 없다. 그렇게까지 할 만큼 좋아하는 일도 없다. 다만 이제는 내가 원하는 꿈에 좀 더 집중하고 싶다. 인생에서 원하는 바가 있다면 그것을 얻기 위한 노력이 뒤따라야 한다. 꿈을 찾아내고, 날개를 준비하고, 그것을 이루기 위한 용기를 내야겠다. 그러면서 내가 현재 서 있는 무대는 무조건 최고로 끝내고 싶다. 막이 끝나고 그 다음 막이 시작되면 다시 그 무대를 최고로 끝내고자 노력하는 일이 결국 꿈을 찾아내는 방법 중 하나가 되지 않을까. 🦚

집에서 일주일에 한번 쓰레기를 내다버리는 것처럼
인생에도 분리수거 작업이 필요하다.
생각해 보면 내가 나 아닌 걸로 죄다 채워져 있지 않은가.

심플하게 살아가기

나는 단순한 사람이 좋다. 남들이 인맥 타령할 때 나는 단순함을 가장 최우선으로 친구를 사귄다. 그래야 피곤하지 않다. 사람을 바둑 두듯 몇 수 앞을 내다보며 만나면 당장은 인맥관리 잘하는 듯 뿌듯할지 모르지만 결국 피곤해진다. 별 도움이 되지 않는다. 가장 담백한 인간관계가 깊은 유대감을 지킨다.

끼리끼리 논다는 말이 맞다. 내 주변에는 인간관계를 포함해 단순함을 그들 인생에 최대 장점으로 하는 지인들이 많다. '단순한 인간관계'의 정확한 의미는 사람을 이익의 대상으로 보지 않는 것이 우선이다. 반면에 폼 나고 사회적으로 나름 좋은 위치에 있는 사람들이 많이 갖는 일단 관리하고 보자는 심리는 '단순한 인간관계'의 가장 큰 대척점이다.

백화점에 근무하던 과장 시절이었다. 나의 업무는 백화점의 모든 편의시설과 식당가의 영업 관리였다. 이 업무의 아킬레스건은 입점한 협력업체를 퇴점시키는 일이다. 입점할 때는 그들과 별 문제가 없다. 백화점 영업을 싫어할 사람이 있겠는가. 그러나 어느 날 퇴점을 통보하면 협력업체들은 돌변한다. '못 나간다.'는 기본이고 고소 고발에 탄원까지 불사한다. 매장에 드러눕는 협력업체 사장도 있다.

이런 와중에 당시 백화점에 300평을 넘게 차지한 어린이 놀이시설이 있었다. 당시에는 대한민국 유통에서 최초 최대의 키즈 룸이었다. 그러나 백화점이 리뉴얼을 단행했을 때 유감스럽게도 그 브랜드의 퇴점을 결정했다. 매출이 좋고 화제성도 있어 백화점 기여도가 높은데 퇴점이라니 벌써부터 그의 반응이 걱정스러웠다. 그러나 퇴점 통보를 받은 대표이사 R의 반응은 심플했다. "그동안 덕분에 영업 잘했습니다. 마지막까지 최선을 다하겠습니다."

단단히 전투태세를 갖추고 있던 나는 순간 어안이 벙벙했다. 이렇게까지 나이스한 사람을 본 일이 없다. 그는 마지막 퇴점 마무리 공사까지 깔끔하게 마치고 장미 가득 꽃다발을 남긴 채 떠났다. 단 한마디의 불평도 없이 오직 감사했다는 말과 함께 말이다. 그와의 인연은 그의 퇴점 이후부터 시작되었다. 협력업체일 때는 괜한 오해라도 일으

킬까 차 한 잔 하지 않던 우리가 서로의 안부와 건강을 묻고, 해가 바뀔 때 마다 서로 응원하는 친구가 된 것이다.

디자이너 K도 마찬가지다. 백화점 1층에서 꽃집을 운영하던 그녀에게도 나는 퇴점 통보를 했다. 당시 백화점 1층 플라워 숍은 백화점의 파격이었다. 그러니 그녀에게도 얼마나 자부심이었겠는가. 상실감과 배신감은 이루 말할 수 없었을 것이다. 그런 그녀가 퇴점 통보를 받은 후 나온 첫마디가 이랬다.

"어머 이제 나랑 포도 따러 가도 되겠다."

정말 그녀의 친구 포도밭으로 포도 따러 갔다. 오는 차 안에서 그녀는 한의원에서 처방한 소화제 한 병을 내밀었다. 내가 위장이 안 좋다는 소리를 들었다고, 그동안 고마웠다면서 말이다.

퇴점을 얘기할 때 그들은 단 한마디의 언짢은 소리도 없었다. 그저 '사실'을 냉정하게 '사실'로 받아들이고 군더더기가 없는 것이다. 그들의 공통 인생관은 단순하게 인생을 바라보기이다. 좋은 기회가 오면 열심히 대응하고, 기회가 떠나가면 아쉬워하지 않고 나이스하게 보낸다. 또다시 찾아올 기회를 기대하며 말이다. 결국 둘 다 지금은 각자의 업계에서 빛나는 별이 되었다.

그러나 모든 사람이 그들 같지는 않다. 오히려 인생을 아주 복잡하게 거머쥐는 경우가 대부분이다. 특히 인맥관리라는 이름으로 너무 버겁게 사는 사람들을 보노라면 난감해진다. 특히 남자들의 경우가 더 심하다. 남자들의 이해할 수 없는 점 중의 하나는 한번 본 사람도

'절친'이나 '우리 형님'이 되는 거다. 어째서 남자는 이런 일이 가능할까. 직장생활을 하며 여러 가지 우여곡절도 많이 겪었지만 도대체 이 남자들의 인간관계에 대한 허풍은 당해낼 도리가 없다. 어떻게 다 형님이야? 무슨 족보냔 말이다.

어처구니없는 건 모르는 사이에 나는 나 모르는 사람의 여동생도 됐다가, 와이프 친구도 됐다가 둘도 없이 친한 후배도 되는 거였다. 내 이름이 흔치 않은데다, 여자 없는 조직의 드문 케이스이니 일단 나랑 일면식이라도 있는 사람은 적절하게 나를 팔아먹는다는 사실도 알게 되었다. 그렇다고 전화해서 따질 일도 아니지 말이다.

내 지인 디자이너 W는 친구가 거의 없다. 까칠한 예술가인 그의 성향이 주변 사람을 탈탈 털어내는 이유도 있지만 친구 만나 술 마시고 노닥거릴 시간이 없어서란다. 그의 아틀리에는 컴퓨터만 5대, 1만 권의 책과 온갖 자료가 쌓여 거대한 성을 이루고 있다. 그는 대부분의 시간을 그 속에 파묻혀 있다. 체중미달로 병역면제를 받았을 만큼 병약한 그이지만 일단 일을 시작하면 밤샘이 기본이다. 성과물에 완벽하지 않으면 스스로 만들어놓은 그 성에서 빠져나오지 않는다. 그래서 업계에서 제대로 인정받는다. 그를 보면 인맥이라는 것이 얼마나 부차적인 요소인지 알 수 있다.

"자신의 능력에 대해 잘 아는 게 제일 중요해. 내 능력이 100인데 지금 프로젝트에 100이 필요하면 다른 건 다 접어야지."

인간관계는 사실 일회용인 경우도 많다. 인맥이 곧 능력이 되는 시대는 이미 지나고 있다. 오히려 합리적으로 인맥을 다이어트 하는 편이 훨씬 경쟁력을 갖추는 시대다. 그래야 정신이든 시간이든 모든 경쟁력 요소가 강화된다. 힘들 때는 사람을 끊어 보는 것도 꽤 효과 있다. 그게 경쟁력이다. 이 세상의 모든 사람들은 내면적으로 솔로들이다. 겉으로 보기에 결혼한 사람들이라도 다 마찬가지다. 더 이상 모든 사람에게 인정받거나 잘 지내야 한다는 강박에서 벗어나야 한다. 좋은 사람이 되려고 무작정 노력하는 것은 난센스다. 스마트하게 필요 없는 인간관계를 거절하는 법을 배워야 한다.

내 절친 L은 놀기 좋아하는 천성에 딱 맞춰 젊은 시절 가이드로 시작해 현재는 핸드폰 대리점 사장이다. 그러나 그를 사업하는 사람으로 생각하는 지인들은 별로 없다. '한량'이 제격이다. 예순을 바라보는 나이지만 워낙 부잣집 도련님으로 자라 평생 세상 어려움을 모르고 산다. 어렸을 때 스키와 바이올린을 배웠다니 동년배 지인들은 검정 고무신도 신었다는 걸 비교하면 거의 왕자님 수준이다.

그런 그의 별명은 '무엇을 도와드릴까요?' 이다. 늘 그의 관심사는 남들이다. 정확히 말하면 자기가 좋아하는 친구들이다. 친구 일이라면 발 벗고 나서는 일을 마치 독립운동 하듯 하고 자신의 도움으로 친구 일이 무사 해결되는 것을 보면 아이처럼 진심으로 기뻐한다. 그래서 그의 주변에는 사람이 늘 많다.

그러나 그에게는 아주 단순한 원칙이 있다. '좋은 사람을 친구로 사귄다. 친구 일은 내 일처럼 돕는다. 좋지 않은 사람은 조용히 끊는다.' 그가 말하는 좋지 않은 사람은 의롭지 않은 사람, 이기적인 사람이다.

그런 사람은 말없이 그냥 피한다. 아무리 사회적 지위가 높거나 본인 사업에 영향이 있다고 해도 상관 없다.

"이 사람 저 사람 다 참견할 필요 없잖아? 좋은 사람 잘되는 거 보는 것만도 바쁜데 말이야."

나는 그의 절친이라서 자랑스럽다. 그리고 든든하다. 길에서 접촉사고가 나면 남편보다 그부터 먼저 찾을 거 같다고 하자 그는 '당연하지.'라고 한다. 역시 투철한 친구정신이다. 나도 그처럼 사람을 대하고 싶다. 그리고 그처럼 비즈니스를 하고 싶다. 또 다른 담백한 지인들처럼 맞닥뜨린 상황을 단순하게 처리하는 지혜를 배우고 싶다.

집에서 일주일에 한번 쓰레기를 내다버리는 것처럼 인생에도 분리수거 작업이 필요하다. 생각해 보면 내가 나 아닌 걸로 죄다 채워져 있지 않은가. 쓸데없는 걱정, 노력 없이 무분별한 욕심, 괜한 허세, 버려야 할 것이 무궁무진하다. 친하지도 않은 사람을 그의 사회적 지위 때문에 언젠가는 쓸데 있겠지 싶어 형식적으로 챙기고 있다면 과감히 분리수거함에 내다 버리는 게 낫다.

한 번에 하나씩만 집중해서 살고 싶다. 그리고 인생을 더 소중하게 살기 위해 필요 없는 것과는 결별하는 용기를 내야겠다. 사람이든 일이든 물건이든 심플하게 정리하자. 이제야 내 인생을 좀 싱겁게 간 맞추면 훨씬 더 맛있어진다는 사실을 깨닫는다. 그래야 행복해진다는 것도 말이다. 🖋

독이 든 사과를 누가 내민다 한들 내가 받지 않으면
그 독 사과는 여전히 내민 사람의 것이다.
남이 주는 상처는 안 받으면 그만이라는 느긋함은
자기 자신을 지켜내는 데 좋은 방패가 된다.

나의 가치는 내가 결정한다

우리 동네에 돼지고기집이 오픈했다.
'비교하라. 대적할 상대가 없다.'
강렬하다. 뭐 더 이상 할 말이 없게 만드는 문구다. 입구에 걸린 저
문구는 이 식당이 최고라는 최면효과가 있다. '가치'란 내 쪽에서 적
극적으로 어필해서 상승시키는 경우가 많다. 반드시 고기질이 좋다
거나 서비스가 훌륭하다고 해서 고객이 완벽하게 만족하는 것은 아
니다. 스스로 최면이 걸려야 한다. 이 집 고기는 최고로 맛있어. 이렇

게 말이다.

나도 항상 그런 식으로 살고 싶었다. 늘 터질 듯한 에너지를 뿜으며 씩씩했다. 내 인생에 언제나 성실하고 '대적할 상대가 없도록' 노력했다. 어떤 때는 근거 없는 자신감으로 불안하고 힘든 상황을 덮어 버리기도 했다. 그랬던 내가 지금은 세상에서 가장 작은 존재처럼 여겨진다. 폭풍처럼 불어 닥친 지난 2년 세월이 내 우주를 건포도마냥 쪼그라들게 만들었다.

머리를 말리러 거울 앞에 앉았다. 웬 늙은 여자가 나를 바라보고 있다. 찬찬히 마주 본다. 눈 밑은 푹 꺼지고, 머리는 두 달 넘게 자르지 않아 삐죽삐죽 부스스하다. 염색을 안했더니 새치머리를 감출 수 없어 노파가 따로 없다. 이렇게까지 '꼴'이 엉망이었던 적은 없다. 냉동실에 굴러다니던 바게트를 꺼내 대충 굽고, 말라비틀어진 곶감을 안주삼아 싸구려 와인을 마시고 있는 나. 전화도 안 온다. 문자도 웹 문자뿐이다. 인생이 이렇게까지 쓰리고 아플 줄이야. 미치도록 괴로운 날이다.

그렇게 나는 인생의 한 대목을 기억한다. 회사를 그만두고 아이 옆에 본격적으로 붙었는데 아이는 계속 아팠다. 나는 나대로 세상 밖으로 내쳐진 소외감에 어쩔 줄을 몰라 하며 한동안 엉망으로 지냈다. 몸에 나쁜 줄 뻔히 알면서 컵라면에 콜라, 하루 종일 미국 드라마 몰아보기, 커피 또 커피, 감자 칩을 케첩에다 끝없이 찍어먹는 따위의 일들이 계속되었다. 뭔가 정서적으로 결핍된 상태였다. 그렇게 한참을 해봐도 당연히 결핍된 상태에서 벗어나기란 쉽지 않았다. 여기서 벗어나려면 무엇이 결핍되었는지 스스로 애써 알아내야만 했다. 서랍에서 꺼내듯 하나씩 기억해내야 하는 것이다.

"엄마, 얼굴이 이상해졌어."

어느 날 과자를 집어먹으며 일본 드라마에 정신을 빼고 있는 나를 향해 딸아이의 걱정스러운 한마디였다. 내 그럴 줄 알았지. 먹던 과자를 내려놓았다. 아무렇게나 지내면서 잘못되고 있다는 건 내가 더 잘 안다. 딸아이의 말에 내가 엉망으로 지낸다는 생각이 머리를 스쳤다. 기다렸다는 듯이 방황하던 마음을 접었다. '이제 좀 정신을 차려 봐야지.'라며 주섬주섬 일어난 것이다.

인생이란 내게 일어나는 일 10%에 그 일에 반응하는 방법 90%로 구성된다고 한다. 살아가면서 내가 어떤 태도를 지녀야 하나 분명하게 알려주는 원칙이다. 무슨 일이 일어나느냐가 중요하기보다 그 이후에 내가 어떻게 생각하고 움직이느냐가 거의 전부라는 이야기다. 결국 내 가치가 내 생각에 의해 결정된다는 것이다.

'매일 무슨 옷을 입을까 고르는 것과 마찬가지로 무슨 생각을 할까 고르는 법을 배워야 해. 그건 네가 얼마든지 기를 수 있는 힘이야. 네가 정말로 네 인생을 통제하고 싶다면 마음을 훈련시켜. 그거야말로 네가 세상에서 유일하게 통제할 수 있는 거니까.' 엘리자베스 길버트 Elizabeth Gilbert 의《먹고 기도하고 사랑하라》Eat, Pray, Love: One Woman's Search for Everything Across Italy, India, and Indonesia 중에 나오는 말이다. 정말 마음을, 생각을 통제할 수 있을까?

다시 공부를 시작했다. 아들을 데리고 여행을 다니면서도 미친 듯이 책을 읽고, 학습 스케줄을 짰다. 언제까지 귀양살이 하는 사람처럼 멈춰 있지 않을 것이고, 다시 사회로 컴백하기 위해서는 준비가 필요했다. 내 몸값을 내 스스로 떨어뜨리는 것은 어리석은 짓이다. 운 좋게 여행 다니며 좋은 사람들을 많이 만나고, 민혁이도 눈에 띄게 호전되니 절로 기운이 났다. 슬럼프에서 빠져나온 것이다.

살다 보면 남에게 받는 상처로 할퀴어질 때도 있고 멍들 때도 있지만 그렇다고 해서 내가 가진 가치가 훼손되지는 않는다. 5만 원짜리 지폐를 마구 구겨놓은들 여전히 5만원이라는 가치에는 변함이 없는 것과 마찬가지이다. 누구든 타인에 의해 평가를 받거나 폄훼의 희생자가 되기도 한다. 그렇기에 자신을 보호하는 데는 적지 않은 노력이 필요하다.

독이 든 사과를 누가 내민다 한들 내가 받지 않으면 그 독 사과는 여전히 내민 사람의 것이다. 남이 주는 상처는 안 받으면 그만이라는 이런 식의 느긋함은 자기 자신을 지켜내는 데 좋은 방패가 될 수 있다.

그런 생각으로 마음을 다스렸다. 나도 몸값 전쟁을 벌이는 쇼 호스트들이나 연예인들과 다를 바 없다. 지금은 비록 쉬고 있지만 언젠가 다시 돌아갈 사회에 내 가치는 최대치를 만들어놔야 한다. 그러나 예전과 달라진 점은 있다. 그 가치가 단순히 연봉으로 환산되는 기준 이외에 더 나은 세상을 위한 내 역할에 따라 달라진다는 것이다.

예전에 삼성물산에 최종 입사가 결정되었을 때 우리 엄마 반응은

'그 회사에 호박이 넝쿨 채 굴러들었구나.' 삼성물산의 백화점이 애경그룹과 M&A가 되었을 때도 '애경은 좋겠다. 복덩어리 들어간다.' 누가 들을 새라 나는 기함하며 펄쩍 뛰었지만 우리 엄마는 '왜 사실이 잖아?' 어깨 한번 으쓱으로 두 손 두 발 다 들게 하는 분이다. 일생처음으로 일없이 전업주부 흉내를 내고 있는 딸을 향해 '네가 일하지 않는 건 국가적 재앙'이라고 일갈하시는 바람에 듣고 있던 당신 자식들 모두 고개를 절레절레 흔든다.

자식에 대한 가치평가는 늘 주관적이다. 그러나 자신에 대해 세상 누군가가 최고의 가치를 부여한다는 것은 그것이 객관적이든 아니든 간에 에너지가 된다. 그 에너지가 스스로의 가치를 지키는 데 도움이 된다. 그 가치는 나만의 것이다. 우리에게는 가치를 만드는 각자의 속도, 계획표, 인생의 정거장들이 있다. 공장에서 기계로 찍어내듯 똑같은 경우는 단 한명도 없다. 내가 '나'이기 때문에 그 자체만으로도 귀한 가치가 이미 부여된다. 그 위에다 내 스스로 나의 속도에 맞춘 계획들을 만들어 운행해 나가야 한다. 때론 예기치 않은 인생의 정거장에 잠시 멈추기도 하면서 말이다.

바라보면 친절함, 꿈, 품위, 바람직한 미래, 그런 단어들이 떠오르는 사람이 좋다. 고급 레스토랑에 들어서면 좋은 냄새와 우아한 분위기 때문에 기분이 확 들뜨는 것과 비슷한 느낌으로 말이다. 그처럼 함께 있으면 행복해지고 선한 영향을 주는 그런 사람이 되고 싶다. 그것에 따라 나의 가치가 달라진다.

어떤 인생이 앞으로 펼쳐진다 해도 오늘이 내 삶의 하이라이트임에는 틀림없다. 미래는 아직 볼 수 없는 것이고, 오늘이라는 현재만이 내 손안에 들어와 있기 때문이다. 현재인 오늘에 발을 단단히 붙이고 서서 '나'에게 말한다.

'힘을 내. 너의 가치는 네 스스로 결정하는 거야.' 끝

후반전은 좀 더 여유 있고 노련하게 경기를 이끌고 싶다.

몸값 높은 프로선수들은 영악하게 경기에 임한다.

관객들이 열광하게 만들고, 본인도 그 경기를 즐긴다.

내가 후반전 경기에서 원하는 것도 바로 그런 인생이다.

나답게 특별하게

인생 경기 후반전이 시작되려 한다. 하프타임이 거의 끝나가고 있
다. 몸 풀기도 끝났다. 주심의 휘슬과 동시에 경기장으로 뛰어 들어가
는 일만 남았다. 전반전 경기에는 너무 의욕에 앞서 체력을 소진했다.
하프타임이 없었다면 아마 경기 도중 그라운드에서 쓰러졌을지도 모
를 일이다. 하프타임 동안 여러 작전을 다시 짜면서 잘 쉬었다. 준비
는 끝났다. 이제 후반전이다.

인생의 후반전. 나는 지금 막 시작을 알리는 휘슬 소리를 듣고 있

다. 예기치 않게 맞이한 하프타임 일 년이었지만 많은 후회와 감사, 그리고 나를 다시 돌아보는 소중한 시간이었다. 나에게 닥친 시련에 처음에는 혼란스럽고 원망도 많았다. 그러나 지나고 보니 모든 것이 다 축복이었음을 깨닫는다.

인생 전반전에는 골문을 향해 무작정 달렸다. 태클이 걸려 와도 웬만한 건 다 뛰어넘어 앞으로 나아갔다. 그렇다고 해서 모두 득점으로 연결되지는 않았다. 오히려 깊은 부상으로 생각보다 빨리 하프타임이 시작됐다. 이제 후반전은 좀 더 여유 있고 노련하게 경기를 이끌고 싶다. 몸값 높은 프로선수들은 영악하게 경기에 임한다. 관객들이 열광하게 만들고, 득점하고, 본인도 그 경기를 즐긴다. 내가 후반전 경기에서 원하는 것도 바로 그런 인생이다.

"담배를 사면서 신분증 보여 달라니까 어딘가에서 주워났던 신분증을 내밀었대. 편의점 주인은 왜 또 그렇게 정의롭냐? 애를 경찰에 굳이 넘긴 거야. 언니이. 내가 못 산다아. 진짜."

후배가 울며불며 새벽 2시에 전화로 하소연한다. 그녀는 당연히 경찰서에 불려가 손이 발이 되도록 빌고 또 빌어 무슨 교정교육인가 받으면 처리될 수 있도록 해결했다. 그러면서도 지금 고1인 아들이 더 삐뚤어질까 때리지도 못하고 야단도 못 치겠단다. 엄마 억장이 무너지고 속이 숯검댕이 된 줄도 모른 채 아들은 잠만 잘 자더라나. 그 이야기를 듣고 난 솔직히 '그게 뭐 어때서? 울고 불 일 아닌데?'라고 생각했다. 어른이 되기 전 질풍노도의 시기에 그럴 수도 있지 뭐 대순가? 에피소드를 들은 내 아들은 한술 더 뜬다.

"담배를 이제 피우나 보지? 중학교 때 다 끝냈어야 할 일을, 쯧쯔."

아이를 키우는 부모들은 모두 자기 아이가 기준이 된다. 그리고 목표는 친구 아들이다. 그 기준에 따라 세상의 다른 모든 애들도 비슷할 거라 생각한다. 그리고 대부분 자신의 육아방법에 확신을 가지고 있다. 그래서 특별히 뭐가 잘못되었는지 궁금해 하지 않는다. 나도 그랬다. 내 아이가 최고이고 나는 꽤 괜찮은 엄마라고 착각하며 살다 된통 당했다.

나는 모범생이라는 말이 이젠 아주 무섭다. 내 아들은 모범생이면서 중학교 때 술도 담배도 다 해보고 끊었다고 한다. 마스터란다. 그 과정을 나는 까맣게 모르고 그저 모범생인 줄만 알았다. 그 사실을 아주 나중에야 알게 되었다. 본인이 힘들기 때문에 나름대로의 탈출구였고 사인sign이었는데 내가 일만 하느라 전혀 아들의 구조요청을 외면한 거다. 그러면서 아들은 모범생 가면을 쓰고 버티느라 결국에 병으로 폭발한 셈이다. 아이들은 어떻게 해서든 사인을 보낸다. 그러나 나 외에도 수많은 부모가 잘 모른다. 그래서 나는 나중에 〈좋은 부모 센터〉를 만들 계획이다.

저출산 대책보다 더 시급한 것은 이미 낳아놓은 아이들을 아프지 않게 잘 키우기이다. 살인적인 학습노동에 내몰린 아이들이 불행하다면 그 나라는 미래가 없다. 내 아들은 너무 감사하게도 치유되는 과정을 거쳤지만, 아파도 치유할 줄 모르는 아이들과 부모들이 점점 더 많아지고 있다. 마음이 아픈 병은 관심으로 미리 미리 밝혀내고 치료해야 한다. 눈에 보이는 증상보다 그렇지 않은 아픔도 많기에 마음은 관심과 인내로 고쳐줘야 한다. 엄마로서 아이와 아픈 과정을 겪은 내용을 다른 이들에게 나누는 데 많은 시간을 할애할 생각이다. 일류대, 수능, 모범생, 말 잘 듣는 착한 아이가 전부가 아니라는 사실을 알려주는 데 나보다 더 뼈아픈 코치가 어디 있겠느냐 말이다. 귀한 이 땅의 청소년들을 마음이 건강한 아이들로 키우는 데 '좋은 부모'만한 명약은 없다. 〈좋은 부모 센터〉는 내가 꿈꾸는 명약 조제 약국인 셈이다.

"회사에 딱 엎드려 붙어 있어. 나가면 지옥이야."

나 참. 정글이라는 소리는 들어봤어도 지옥일 거까지야. 몇 시간째 비슷한 얘기를 되풀이하는 선배의 실패담에 다들 고개를 주억이면서도 저녁자리가 지루하기만 하다. 내 이야기가 아니라서 그렇다. 어디까지나 실패는 선배의 몫이라는 거다. 식품팀에서 소위 잔뼈가 굵은 그는 자신 있게 회사를 뛰쳐나가 장류를 브랜드화 시키는 사업을 했다. 몸에 좋은 청국장, 간장, 고추장, 된장이 주종인데 프리미엄급으로 제작해 글로벌 시장을 겨냥한 야심찬 계획이었다. 그러나 현실은 냉혹했다. 온갖 명품으로 휘감고 다니던 차도남이 시골 아저씨로 변신의 변신을 거듭하다 결국 백기 투항했다.

나처럼 청춘의 대부분을 회사에 바친 월급쟁이들의 공통점은 웬만해서는 퇴직 후를 고려하지 않는다는 것이다. 생각은 많다. 말도 많이 한다. 그러나 실제 닥치기 전까지는 움직이지 않는 샐러리맨이 대부분이다. 사실 그 격정적인 회사생활을 하며 퇴직 후 제 2의 인생을 준비하기란 물리적으로도 쉽지 않다. 그러나 선배의 말마따나 '나가면 지옥'이라고까지 기겁을 하는데 막연히 어떻게 되겠지 라고만 생각할 일도 아니다.

어느 날 동네 도서관에 책을 빌리러 갔다. 저녁나절이라 슬리퍼를 질질 끌며 산책삼아 나선 길이었다. 책 몇 권을 뒤적거리다 목이 말라 휴게실에 갔는데 낯익은 아저씨 한분이 눈에 띈다. 바로 예전 회사에서 인사와 홍보를 쥐고 흔들던 까칠 부장. 너무나 까다로워 말붙이기도 싫었던 그가 얌전한 도시락을 앞에 두고 밥을 먹고 있다. 평일 저녁밥을 동네 도서관 휴게실에서 말이다. 갑작스런 명예퇴직 후 상처 입은 명예 때문에 한동안 잠수 타더니 도서관이 아지트였나 보다. 그는 일류 K대 박사 출신이다. 그런 그도 본인의 울타리인 회사를 벗어나니 길 잃은 한 마리 어린 양이 된 것이다.

어디 그 선배뿐이겠는가. 도서관이나 청계산에서 일이 없어 막연히 떠도는 '왕년의 슈퍼스타'들은 수없이 많다. 능력이 없어서가 아니다. 사회구조가 그렇다. 앞으로는 더 빨라질 것이다. 특히 임원으로 회사생활 하다 밖으로 나오면 정말 황당하다. 일단 버스노선부터 알아봐야 한다. 대중교통의 시작이다. 그러면서 혹시 아는 사람 만날까 주위를 살피기도 한다. 옷도 아무렇게나 입고 버스 탔는데 누가 알아보면 부끄러워서다. 그래도 예전에 내가 잘나가는 어느 회사의 누구였는데 라는 생각에 연예인병 비슷한 게 걸린다. 그러나 걱정 없다. 실직 6개월이면 다 치료된다. 그 병.

예전에 선배들이 명예퇴직 하는 장면을 보고도 별반 감흥이 없었다. 일단 나는 바쁘고 목표를 정해 뛰기도 바쁘니 그들에게 관심을 나눌 여유가 없었기 때문이다. 오히려 능력이 없으니 지금쯤 자리를 비워 주는 게 당연하다고 생각했다. 그러나 내가 일 년을 공백기로 갖고, 주변의 많은 선후배들의 방황을 지켜보니 인생 후반전은 미리 제대로 준비해야 함을 절감한다.

그래서 나는 인생 후반전에 은퇴 설계 코치라는 역할을 하나 더 추가했다. 당신의 은퇴 설계는 하고 그런 소리를 하냐고 하면 아직은 준비가 덜 되었다고 말할 수밖에 없는 시점이지만, 언젠가 내가 이룰 꿈 중의 하나이다. 꿈을 꾼다는 것은 즐겁고 가슴 설레는 일이다. 전반전은 잘 뛰고 있는지 조언해 줄 수 있는 사람은 전반전을 마구잡이로 뛰어 채이고 상처 난 사람이 적임자 아닐까? 가슴 찢어지는 하프타임을 겪고 감사할 수 있는 사람이 몸 풀기를 가르치면 그 또한 누구보다 잘할 수 있는 역할이다. 그래서 '나'라는 코치가 없다면 방황했을 그들이 좀 더 즐겁게 자신의 길을 찾아갈 수 있으면 좋겠다. '나답게 특별하게' 인생 후반전을 시작하는 나에게 큰 영광이 될 것이다. 🍂

PART 5

가장 좋은 시절은
아직 시작되지 않았다

세상 모든 사람의 관심사인 '행복'은 나만의 것으로
달랑 떼어낼 수 없다는 점이 우리 모두의 아킬레스건이다.
네가 행복해야 내가 행복하다.

변하지 않는 행복의 조건

'1년간 모닝커피를 끊고 커피 값을 모으면 집 담보 대출금을 더 갚을 수 있겠지. 하지만 기분이 좋지는 않을 거야' —시티은행 광고 중에서

우리는 각자 다른 가치관 속에 삶을 꾸려나간다. 개인이 느끼는 인생의 행복 기준이 다르니 어떤 것이 맞다, 아니다 라고 판단하기는 어렵다. 하지만 많은 사람들이 스스로 어떤 것을 원하는지도 모른 채 무작정 바쁘고 열심히 살아간다. 그러나 인생에는 중간 중간 잠시 멈춰

서서 지금 제대로 가고 있는 길인지, 행복한지 내 마음의 소리에 귀를 기울이는 짬이 필요하다. 마치 연극이 한 막 끝나면 잠시 불이 꺼지고 막간이 있는 것처럼 말이다.

내가 좋아하는 후배 중 한 커플이 최근 이혼했다. 요즘은 뭐 이혼이 특별한 뉴스도 아니라지만 워낙 선남선녀 스마트한 이 커플의 결별은 지인들에게 충격이었다. 둘 다 좋은 대학에 대기업 중견간부로서 소위 중산층의 샘플이었는데, 문제는 서로의 다른 가치관이었다. 남자는 휴일이면 골프를 치거나 전망 좋은 특급호텔에서 브런치를 즐기는 것이 당연히 누려야 하는 일상이었고, 여자는 무리하게 마련한 강남의 주상복합 아파트 대출금을 최단기간에 갚는 것이 인생의 가장 중요한 가치였다.

아무리 중산층이라도 월급을 모아 강남 아파트 대출금을 갚아나가는 일은 쉽지 않다. 여자는 이를 위해 알뜰살뜰 짠순이로 변신했는데 불행히도 남자에게는 이 모든 것이 구질구질 궁상을 떠는 것으로 보였다. 당연히 둘은 사사건건 부딪쳤고, 급기야 시부모 생신에 대한민국 부모들 선호도 1,2위를 달리는 현금과 상품권 대신 며느리는 직접 색 고운 떡과 다식을 만들었다. 안타깝게도 이 선물은 정성이 아니라 '비용을 아끼려는 수작'으로 매도를 당했다나. 결국 이것이 결정타가 되어 둘은 서로의 취향에 넌덜머리를 내며 갈라서기에 이르렀다.

집 담보 대출금을 빨리 갚는 것과 오늘 당장 내가 좋아하는 라이프 스타일을 즐기기 위해 돈을 쓰는 것, 어느 것이 옳다고 얘기하기 어렵다. 이는 순전히 각자의 가치관과 '행복조건'이 다르기 때문이다. 중요한 건 그 '행복조건'에 내가 사랑하는 사람을 고려해야 한다. '함께 행복하기'가 사랑을 바탕으로 전제되지 않고서는 인생이 많이 고달 파진다.

이혼은 후유증을 남긴다. 특히 이혼 후에도 이유가 무엇인지 정확히 모르는 커플일수록 이 후유증은 길어지게 마련이다. 후배도 마찬가지였다.

"언니, 이게 도대체 말이 되요?"(걔 입장에서는 너도 말이 안 되겠지.)

"나는 최선을 다했어요. 진짜. 나쁜 인간."(니들 둘이 최선이 너무 다른 게 문제란다.)

다 끝내고 난 후 듣는 넋두리에는 약도 없다. 그저 듣고 술이나 한 잔 살 수밖에.

나이가 들면서 이러저러한 경험과 일에 치이면서 행복하다고 느끼는 주제도 변하기 마련이다. 어릴 때는 장난감이나 종합선물 세트로도 충분히 행복하지만 시간이 흐를수록 행복이라는 감정을 자주 잊거나 심지어 나랑 상관없는 일로 치부하기도 한다. 자주 인용되는 전세계 행복지수를 보더라도 대한민국은 늘 꼴찌 주변을 맴돌고, 이에 대한 염려와 자조어린 탄식이 반복될 뿐이다.

왜 이렇게 되었는가. 이유를 찾자면 한도 끝도 없이 늘어놓을 수 있겠지만 이제부터라도 늦었다 말고 내 행복 챙기면 된다. 그런데 내 행복 챙기기가 거저 되지는 않는다. 대학 들어가려면 싫어도 공부해야 하는 것처럼 행복 찾기에도 적잖은 노력이 필요하다. 세상에 거저 얻는 것은 없다.

모처럼 백화점에 들렀다. 화장실에서 손을 씻는데 옆에 한 무리의 여자들 얘기에 한참을 웃었다. 30대 그녀들은 함께 쇼핑을 나온 친구들인 듯했다. 그 중 한 명의 남편을 위한 결혼기념일 선물이 주제였다. 장르에 따라 속옷이라는 의견 뒤에 19금 농담과 폭소 때문에 화장실이 떠나가라 요란스럽다. 넥타이에 향수 정도로 예상 가능한 의견이 나오다 잠시 조용해진 틈을 타 그 중 한 명이 의미심장한 질문을 던진다.

"너희들은 결혼기념일이 기쁘냐? 난 별로던데."

손을 씻고 있던 나는 이 대목이 너무 웃겼다. 그녀의 질문이 정곡을 콕 찔렀다. 누구도 이 화제 속에서 생각 못한, 그러나 일리 있는 대목이다. 결혼기념일이 기쁜가? 그런 커플도 있을 테고, 커플 중 한쪽만 기뻐하는 케이스, 둘 다 대놓고 아니라는 커플, 아니지만 그런 척하는 커플도 있을 것이다. 부부란 누구도 모르는 법이다.

중요한 건 지금 그 사람 때문에 행복하냐 아니냐는 점이다. 유엔이 발표하는 〈세계행복보고서〉World Happiness Report에 따르면 대인관계와 행복이 절대적 연관성이 있다고 한다. 당연하다. 친구, 가족, 사랑하는 사람들과의 관계는 행복의 수준을 결정하는 가장 중요한 변수가 된다. 부부처럼 가족을 이뤄 함께 사는 사람들이 상대방으로 인해 행복하거나 불행하다는 것은 우리의 행복조건에 절대요소가 바로 '그대'임을 인정하게 한다.

일 년간 모닝커피를 끊은 돈으로 대출금을 빨리 갚는 게 좋을까, 아니면 아침마다 향기로운 커피 한잔으로 소소한 행복을 누리는 편이 행복할까. 물론 사람마다 다 다르다. 누구는 전투태세로 대출금을 갚아나가며 줄어드는 숫자에 행복을 느낄 것이다. 또 다른 누구는 모닝커피 한잔의 여유를 어떤 것과도 바꿀 수 없는 인생의 즐거움으로 삼기도 한다.

나 같으면 절충안이 좋겠다. 갚아야 할 대출금이 억 소리 나게 있다면 매일 커피를 사 마시지는 않을 테다. 인스턴트커피를 마시면서도 좋아하는 음악을 듣는다면 뭐 고급 커피숍에 있는 기분이라 우길 수 있다. 알뜰살뜰 대출금을 갚다가도 주말에는 그래도 멋진 곳에서 커피를 마셔 줘야지. 고생한 나에게 작은 선물은 나이를 막론하고 필요하다.

내 남편은 어느 쪽을 선택하려나. 물어봐야 뻔하다. '무슨 봉창 두드리는 소리냐.'고 하든가, '커피 안 좋아하는 거 몰라?' 라고 하겠지. '나 모르게 대출 받았냐?'고 묻지 않으면 다행이다. 그래도 남편이 어느 쪽을 택할지는 중요하다. 그의 행복이 결국 내 행복이랑 맞물려 있으니 말이다. 엉뚱한 소리를 하더라도 졸졸 따라다니며 계속 물어보련다.

"당신은 어느 쪽이 좋아 응응?"

세상 모든 사람의 관심사인 '행복'은 나만의 것으로 달랑 떼어낼 수 없다는 점이 우리 모두의 아킬레스건이다. 네가 행복해야 내가 행복하다. 거꾸로 내가 행복해야 내 아이도, 내가 사랑하는 사람들도 행복하다. 그 행복의 조건은 변하지 않는다.

인생은 결국 다 겪으면서 지나가야 한다. 원하지 않는 것은
뛰어넘거나 생략할 수 있으면 좋겠지만 현실은 그렇지 않다.
인생이 어차피 정거장마다 또박또박 멈춰 설 완행버스라면
이제 고개를 창밖으로 좀 돌려야겠다.

인생은 시골길 완행버스

인생은 시골길을 지나가는 완행버스다. 그렇게 멀리 돌아가지 않
으면 좋으련만 일일이 흙먼지 날리며 모든 정거장에 꼬박꼬박 멈춰
선다. 갈 길이 머니 몇몇 정류장은 그냥 지나쳐도 되는데 급한 내 마
음은 아랑 곳 없이 털털거리며 모든 정류장에 예외 없이 멈춰 선다.
지름길은 없다. 그 정류장은 아픔, 역경, 실수, 갈등, 불행, 극복처럼
눈물겨운 이름들이다. 때로는 즐거운 정거장이 연달아 계속되기도
한다. 뜻밖의 행운, 소소한 행복, 달콤한 연예, 드디어 결혼, 그리고 학

생에서 직장인이 되고 엄마가 되는 과정도 일일이 인생의 정거장을 거쳐 간다.

나는 남편과 꽤 오랫동안 연애하다 결혼했다. 주변 지인들이 왜 결혼하지 않느냐고, 연애 기간 길어 봐야 좋을 거 없다고 성화를 부려도 모른 척 뭉그적거리다 6년을 채우고야 결혼했다. 결혼 전에는 나와 잘 맞는다고 생각했다. '이 사람이다.' 라고 딱 느낌이 온 적은 솔직히 없지만 굉장히 섬세하고 늘 모든 면에 진심인 점이 마음에 들었다.

그러나 웬걸 결혼을 하고 서서히 본색이 드러나더니 아예 딴사람이 되는데 결혼 후 채 3년이 걸리지 않았다. 우리가 한참 연애할 시절 유행했던 맥주 집 메뉴 중 '멕시칸 샐러드'가 있다. 사과, 야채, 햄, 달걀을 가늘게 썰어 마요네즈를 듬뿍 넣어 만든 음식이다. 맥주 마시기를 즐기는 우리는 항상 이 메뉴를 시켰는데 어느 날 이 음식 안에 치즈가 빠져 있는 것이 아닌가? 섬세하기로 대한민국 최고 남을 자부하던 내 남자 친구는 바람처럼 달려 나가 슬라이스 치즈를 사다 왕창 뿌림으로써 앙꼬 없는 찐빵처럼 치즈를 품지 못한 '멕시칸 샐러드'를 당당히 회생시켰다. 여자 친구를 극진히 사랑하는 섬세한 남자만이 가능한 일이었다.

그랬던 그가 결혼하고서는 마누라가 밥을 먹는지 굶는지, 머리를 볶았는지 잘랐는지, 눈 뻔히 뜨고도 아예 몰라본다. 말이 갖는 백가지 의미를 꿰뚫는 남편의 파워에 감탄하던 시절이 있었다. 그러나 애들 교육상 하루에 의무적으로 5분씩 대화하자는 나의 제안을 가만히 듣고 있다가 '마누라랑 하루 5분씩이나 할 이야기가 뭐가 있냐.'며 난감해하는 남편이라니. 이 인간 옛날 그 사람 맞나?

둘째를 임신하고 밤 12시에 비빔국수가 먹고 싶어 앉았다 누웠다 징징 대도 '밤에 먹으면 소화 안 된다.'는 한마디로 남편은 끝내 돌아누워 버렸다. 결국 비빔국수를 못 얻어먹고 한이 맺힌 나는 둘째가 17살이 된 지금까지 백번도 넘게 그 이야기로 되새김질하며 남편을 비난한다.

남다르게 섬세한 남편의 성격이 결혼 후 집안 청소 상태를 지적질하는 데만 활용될 줄 누가 알았겠는가? 의자 놓고 올라서서 냉장고 위를 청소하고 내 화장품 뚜껑까지 걸레로 닦는다. 동시에 나의 정리정돈 수준을 비난 섞어 분석하는 데야 남편이 주인공으로 출연하는 호러 물을 보는 듯하다.

거짓말에 절대 취약한 그의 장점은 결혼 이후 비수가 되어 여기저기 꽂힌다. 내가 세상 태어나서 처음 곱창전골을 땀 삐질삐질 흘려가며 만들어 식탁에 내놨다. '어때?'라고 이쁘게 눈 깜빡거리며 물어보자 내 남편은 딱 한마디 했다.

"네가 먹어 봐라. 맛있나."

이뿐만이 아니다. 이제는 마누라의 펑퍼짐해지는 몸매와 늘어가는 눈가 주름에 관해 진실만을 말해서 부아를 돋우는 현실이 결혼의 정거장들인 셈이다. 뭐라고 이름 붙여야 하나? 배신의 종착역? 잘못 짚은 정거장? 아무튼 결혼은 해도 안 해도 때때로 후회의 정거장임에 틀림없다.

남편 흉보기 대회를 하면 우승은 따 놓은 당상인 내 친구 P는 항상 남편을 오징어처럼 씹기에 열 일 제친다.

"아니 술하고 무슨 원수졌니? 세상 술은 혼자 다 마셔? 토요일 회사 행사는 오후 3시에 끝났는데 밤 10시 넘어 아예 기어서 들어 오드라. 더 가관인 건 그 와중에 무슨 까만 봉지를 들고 왔는데 막걸리가 6병이나 쏟아져 나와. 얼마나 열 받는지 싱크대에 다 쏟아 버렸어."

P는 술을 한 방울도 못 마신다. 집안 내력이다. 결혼 전에 남편을 부모님에게 데려간 날 어머니는 큰맘 먹고 맥주를 한 병 사다 놓으셨단다. P가 술이 이것뿐이냐고 묻자 어머니는 눈을 크게 뜨고 '이걸 다 마셔?'라고 하셨다. 이런 집안에서 자란 P가 허구 헌 날 술 마시는 남편이 못마땅할밖에. 술 좋아하고, 친구 좋아하고, 야근 좋아하는 남편과 매일 싸우며 사네 못 사네, 아들은 네가, 딸은 내가 키운다는 둥 서로 잡아먹지 못해 안달을 하더니 급기야 큰 사달이 벌어졌다. P의 남편이 갑자기 신장에 문제가 생긴 것이다.

해결 방법은 신장 이식밖에 없다는 사실에 남편의 형제들은 아연실색. 추석날 다 모인 자리에서 막내 동생이 4남매의 대표로 큰오빠인 P의 남편에게 말했다.

"오빠, 우리는 수술 못해. 기대하지 마."

집으로 돌아오는 차 안에서 P는 씩씩하게 남편에게 얘기했다.

"여보 걱정 마. 콩팥 내가 당신 줄 게."

결국 P는 남편과 나란히 수술대에 누웠고, 지금은 남편도 건강을 되찾았다. 그렇다고 갑자기 그들이 드라마틱하게 사이좋은 부부가 된 것은 아니다. 여전히 싸운다. 이제는 주제가 하나 더 늘었을 뿐이다. 내 콩팥 도로 내놔라 시리즈랄까.

인생의 정거장을 가장 오래 함께 지나게 될 사람은 다름 아닌 남편이다. 결혼을 하지 않거나 중간에 확 이혼해 버리지 않는 다음에야 이변은 없다. 둘 중 누가 일찍 세상을 떠나는 일도 일단 예외로 치자. 꽃다운 나이에 결혼해서 함께 나이 먹으며 부모가 되는 정거장을 거친다. 아이들을 키우며 온갖 예쁜 짓에 고단한 삶을 위로받는 것도 부부가 함께한다. 장성한 아이들을 떠나보내며 내 옆에 남은 이도 배우자이다. 그렇게 생각하면 참 소중한 존재인데 우리는 때때로 잊고 산다. 아마 '소중한 것 잊어버리기'라는 정거장이 인생 중간 중간 한 번씩 있는 모양이다.

아버지가 몇 년 전 뇌 시술을 하셨다. 뇌혈관 한 군데가 꽈리처럼 부풀어 올라 비교적 간단한 시술을 받고 완쾌되신 것이다. 매해 부모님은 건강검진을 받으신다. 옵션으로 검진 하나를 선택할 수 있는데 우연히 뇌혈관 검사를 선택하셨고 다행히 위험천만한 상황이 발견되었다. 검사 당일 그대로 입원할 정도로 상황은 심각했다. 매일 새벽마다 동호회에서 배드민턴을 하시는 아버지가 이런 상태를 모른 채 운동을 계속 했더라면 돌이킬 수 없는 결과를 낳았을 것이라는 의사의 말에 가족들은 가슴을 쓸어내렸다. 지금 생각해도 아찔하다. 내 인생에 가장 크게 감사했던 사건이었다. 그러나 자꾸 그 감사를 잊는다.

딸아이가 다섯 살 때 다리에 염증이 생겨 병원에서 몇 날 며칠 울며불며 밤을 지샐 때도 '이번 한번만 봐주신다면'으로 기도를 시작한다. 그 기도가 눈물로 강을 이룰 무렵 아이가 완쾌되자 슬그머니 감사와 감격을 잊었다. 요즘도 이 기도 하나만 들어주신다면 소원이 없을 것처럼 요란을 떨고 막상 그 기도가 이루어지면 감사는 잠깐, 망각은 길게라는 증상이 어김없이 나타난다. 어쩌면 그렇게 잊어버리는 것도 신이 우리에게 주신 선물일 게다. 좋은 일이야 그렇다고 치지만 나쁜 일을 일일이 기억하고 있으면 그 또한 얼마나 괴롭겠는가.

인생은 결국 다 겪으면서 지나가야 한다. 원하지 않는 것은 뛰어넘거나 생략할 수 있으면 좋겠지만 현실은 그렇지 않다. 인생이 어차피 정거장마다 또박또박 멈춰 설 완행버스라면 이제 고개를 창밖으로 좀 돌려야겠다. 내 마음 급하다고 다음 정거장을 그냥 지나치진 않을 테니 말이다.

시골길 털털대는 버스에 앉아 창밖으로 펼쳐지는 멋진 풍경을 바라보고 싶다. 그리고 멈춰서는 정거장 이름에 걸맞게 겸손히 맞닥뜨려 해결해 나가야겠다. 고난이나 갈등만 있겠는가? 다음에는 행운과 기쁨이라는 정거장도 있을 것이다. 그리고 그중에는 내가 애쓴 만큼 딱 그만큼 잘했다 위로하는 정거장도 있었으면 싶다. 그런 정거장에도 멈출 수 있을 거라는 기대가 있어야 오늘 이 길이 덜 힘들 것 같아서 말이다. 🍂

그때는 그 시간이 얼마나 감사한지 우리는 왜 몰랐을까.
지나간 일들은 언제나 아름답다. 그러나 오늘은 더 아름답다.

지금 여기서 행복하라

　남편이 7시에 퇴근한 것은 내가 전업주부 흉내를 낸 지 일 년 만에
처음 있는 사건이다. 그것도 모처럼 하루 종일 나가 있느라 집안은 엉
망인데 보란 듯이 현관을 들어선다. 타이밍도 절묘하다. 아들도 딸도
약속이나 한 듯이 배고프다는 타령을 하며 들어와 나를 당황시킨다.
살림에는 재주 없으나 위기대처 능력엔 둘째가라면 억울한 내가 실
력을 발휘할 순간이다. 나는 전기밥솥이 아닌 냄비에 밥한다. 순식간
에 쌀을 씻고, 김치찌개를 끓이고, 급한 대로 돼지 목살을 구워 상추

랑 차려냈다. NG라고 하면 밥이 완성도가 좀 떨어진다는 정도다. 급조된 저녁상치고는 흡족하다 생각하고 있는 내게 남편이 결국 한마디 날린다.

"설익은 밥을 태우는 것도 재주다."

온 가족이 평일 저녁을 함께 먹다니! 세계에서 제일 바쁘고 힘이 세다는 미국 대통령도 저녁은 대부분 가족들과 먹는다는데 우리는 왜 미국 대통령 가정보다 더 바쁜지 모르겠다. 각자 일터에서, 학교에서, 일상을 마치고 저녁에 모여 앉는 일이 대한민국에서는 매우 드문 일이다.

모처럼 모여 밥 먹는 이 상황이 신기해서 나는 좀 부산스러웠다. 고기를 더 굽고, 상추가 모자라는가 싶어 급한 대로 양파를 구워내고, 애들에게 물을 따라준다. 백화점에서 20년을 근무한 나로서는 이런 일상이 참 낯설고 감사하다. 직장 다니는 중에는 거의 평일 저녁을 가족들과 함께 한 적이 없었다.

함께 밥을 먹어야 하는 가족들이 함께 밥을 먹고 있는 풍경이 신기한 것이 현실이다. 모두들 열심히 하루를 살고, 이 험한 세상에 무사하고, 푸근한 내 집으로 돌아온다. 그리고 따뜻한 밥을 함께 먹을 수 있는 일은 그 자체만으로도 축복이다. 그러나 이런 소소한 일상이 얼마나 귀한 일인지 우리는 제대로 느끼지 못하며 살아간다. 어쩌면 아주 당연하게 여기거나 때로는 평가 절하하는 실수를 저지르기도 하면서 말이다.

지금 고등학생인 딸이 여섯 살 때 중이염 수술을 했다. 당시 너무 어린 나이고 전신마취를 해야 한다는 사실 때문에 나는 입이 바짝바짝 마르게 긴장되었다. 게다가 수술 날짜가 하필 크리스마스였다. 어린 딸에게는 산타할아버지가 병원으로 오신다고 둘러댔다. 어린 딸을 수술실로 들여보내는 것은 생각보다 충격적이고 무서운 일이다. 깨어났을 때 엄마 없는 낯선 회복실에서 딸아이는 자지러지게 울며 나를 찾을 것이다. 나는 불안한 마음 가득 보호자 대기실에서 서성이며 많은 다른 보호자들을 바라보고 있었다. 저들의 가족은 어디가 아프길래 축복의 크리스마스에 죽은 목숨처럼 병원에 앉아 있어야 하는가.

그 이후로 내겐 꽤 긍정적인 기준이 생겼다. 크리스마스에 병원에서 수술하는 것만 아니면 행복하고 좋은 일이라고 말이다. 더군다나 나처럼 유통업체에서 일하는 사람들은 크리스마스가 제일 바쁘다. 해마다 12월은 거의 전쟁이 벌어진다. 크리스마스에 일할 수 있는 것에 감사하는 내 긍정의 기운이 직원들에게는 좀 비정상으로 보였나 보다. 퇴직한 이후 예전 직원들과 모인 자리에서 한 친구가 내게 고백처럼 이야기를 했다.

"저는 사실 상무님이 일중독이거나 가정에 문제 있는 분이라고 생각했어요. 그렇지 않고서야 크리스마스에 어떻게 하루 종일 매장에 계시나 해서요."

크리스마스이브 저녁이었다. 당시 서른 후반의 솔로이던 그 친구는 보석 브랜드 〈티파니〉 매장 앞에서 크리스마스 선물을 고르는 연인들을 보고 자신이 한심스러웠단다. 남들은 크리스마스를 로맨틱하게 남자친구와 보내는 꼴에 열 받아 그녀가 들고 있던 케이크를 집어 던질 뻔했다나. 전시를 방불케 하는 케이크 판매 현장 때문에 사업부 전 스태프들은 지위를 막론하고 케이크를 줄줄이 묶어 들고 뛰고 있던 판이었다. 자신의 상황과 비교하면 짜증이 날 수도 있겠다. 게다가 빙글빙글 웃으며 전투를 격려하는 직장 상사라니 내가 이상해 보일 만도 했다.

크리스마스 때 아이들이 건강해서 마음 편히 일을 할 수 있다니! 이렇게 기쁠 수가! 이것이 당시 나를 지배한 감정이었다. 그렇다고 그 감정이 영원히 유효하지는 않다. 사람이 원래 망각의 동물인지라 자꾸 잊어버리곤 한다. 그래서 나약한 인간이다. 이런 일들은 그 이후에도 참 많이 벌어졌다.

아들이 수없이 병원 입퇴원을 반복할 때 나는 보조침대에서 잠을 잤다. 보호자 침대는 폭이 좁고 베게도 없다. 폭이 좁아 똑바로 누우면 양쪽 팔이 불편하다. 들고 간 책을 베게삼아 베고 옆으로 누워 자야 한다. 그래도 좋았다. 왜냐하면 응급실에서 밤을 보내면 누워 잘 수가 없으니까. 밤새도록 의자에 앉아 아들의 상태를 지켜야 하거나 의자도 없이 서성대는 때도 부지기수였다. 누워서 잘 수 있다니! 브라보!

집에 와서는 더 좋다. 몇 날 며칠을 병원 보조침대에서 옷 입은 채로 자다가 집에 돌아온다. 따뜻한 물로 샤워하고 푹신한 내 침대에 쏙 들어가는 느낌을 무엇에 비하랴. 더 이상 바랄게 없는 지경의 행복을 맛보게 된다. 이런 식으로 생각하면 매번 매순간 그 자리에서 행복하기가 그리 어려운 일만은 아니다.

어른들이 흔히 하시는 말씀 중 '그때가 좋았다.'라는 레퍼토리가 있다. 지나간 세월은 배곯던 시절까지 아름답다. 모진 시집살이로 눈물 바람이던 시절도, 겨울에 얼음장 깨고 손빨래 하던 때도 그때는 젊었으니 지금보다 좋았다고 한다. 우리들도 마찬가지다. 항상 이전의 기억들은 웬만하면 포장되고 각색되어 더 아름다워진다. 첫사랑이 그렇고, '왕년의 내'가 그렇다.

한번은 백화점에서 함께 근무했던 직원들의 OB 모임이 있었다. 매일 얼굴 맞대고 으르렁 거리던 그 스태프들이 퇴직한 이후 만나면 마치 연인들처럼 서로 반가워서 어쩔 줄 모른다. 화제는 늘 예전 직장생활 에피소드다.

"상무님, 그때 정말 재미있었어요. 보람도 있었구요."(네가 회사 그만둔다고 1박 2일 울고 불던 때였지 아마.) "지금 다시 하라면 못 할 거예요. 어쩜 그때는 무슨 열정이었는지"(그래 회사 그만둔다는 네 놈을 밤새워 달랬다, 내가.)

일 스트레스에 두통이 생기고, 사직을 심각하게 고민하고, 원형 탈모증까지 생긴다고 호소했던 직원들이 그때가 정말 좋았다고 그리워한다. 그때는 그 시간이 얼마나 감사한지 우리는 왜 몰랐을까. 지나간 일들은 언제나 아름답다. 그러나 오늘은 더 아름답다.

내 아버지는 '초긍정대마왕'이라는 별명의 소유자이다. 인생 원칙

하나. '부정적인 얘기는 말이 되어 입 밖으로 나오게 하지 않는다.' 둘. '지금 이 시간이 제일 고맙고 좋다. 언제나 그렇다.' 아버지 스타일 때문에 엄마와 딸 둘은 누구 험담이나 투덜댈 일이 있으면 아버지가 안계신 틈을 타 몰래 해야 한다. 누구라도 아버지에게 조그만 선물을 드리면 그의 첫 번째 멘트. '나 이거 정말 갖고 싶었는데 어떻게 알았어?' 식당에서는 언제나 종업원들을 향해 '정말 감사히 잘 먹었습니다.' 누가 보면 공짜로 먹는 줄 알 정도이다.

긍정의 하이라이트는 나의 폭풍 같은 고난 시기를 바라보는 아버지의 시각이다. 회사를 그만두었을 때도 '잘됐다. 건강이 상할까 걱정했는데 이 시점에서 그만둔 건 운이 좋은 거야.' 난 갑자기 운 좋은 사람 된다. 식사를 같이 할 때도 '이 나이에 딸이랑 같이 자주 밥 먹으니 진짜 좋구나. 너무 감사하다.' 난 또한 효녀도 된다. 오죽하면 아들이 입원했을 때조차 '처음으로 24시간 아이를 돌볼 수 있는 시간을 감사히 즐겨라.' 라며 '지금 행복'을 강조하고 표표히 병원을 떠나셨다. 난 좋은 엄마까지 되는 기적을 경험한다.

지금 여기서 행복하도록 노력하지 않으면 그것은 인생에 대해 무례한 일이다. 이 노력은 내 안에서 끝없이 기쁨을 퍼 올리려는 능력을 기를 때 가능해지지 않을까? 우물에서 두레박으로 물을 퍼 올리듯 모든 상황에 감사하며 지금 여기서 나는 행복을 찾는다. 🌀

인생에서 실패가 없다는 것은 자랑이 아니다.
오히려 실패가 인생에 없음을 불안해해야 한다.
때때로 실패해도 괜찮다. 언젠가는 그 실패가 그대의 성공을
위한 밑거름이었음을 깨닫게 될 테니.

다시 시작하는 인생수업

다 큰 아들을 24시간 돌보는 일은 쉽지 않다. 지인들은 위로랍시고 그동안 엄마노릇 못한 거 한꺼번에 하니 얼마나 좋겠느냐고 하는데 그것도 한계가 있다. 늘 붙어 있어서인지 민혁이가 눈에 띄게 상태가 좋아지면서 나는 나대로 잠깐씩 도서관에 들락거렸다. 직장생활이 너무 여유 없어 힘들 때 나중에 은퇴하면 도서관에서 놀아야겠다는 생각을 가끔 하곤 했었다. 한가하고 쾌적한 도서관에서 빈둥빈둥 좋아하는 책을 읽으며 노후를 보내는 것은 얼마나 매력적이냔 말이다.

우리 동네 도서관은 지은 지 얼마 되지 않아 시설이 참 깨끗하다. 날씨 좋은 날 기분 좋게 걸어서 도서관에 온다. 꽉 찬 책꽂이에 가지런히 꽂힌 책 제목만 주욱 훑어봐도 시간 가는 줄 모르겠다. 평일 오전에는 도서관이 한산하다. 아, 내가 이상적으로 생각하는 바로 그 풍경이다.

그러나 도서관에 오면 인생의 축소판임을 알게 해주는 많은 장면들도 있다. 평일에는 주로 취직을 준비하는 일명 취준생들이 제일 많다. 아예 슬리퍼까지 챙겨 다니고, 화장실에서 양치질까지 하는 걸 보면 하루 종일 그곳에 있나 보다. 그 다음으로는 퇴직한 중년의 남자들이고, 노인들도 적지 않게 보인다. 회사를 그만둔 이후로 사람을 관찰하는데 재미를 붙인 나는 도서관에서도 책 구경 못지않게 사람구경을 한다.

일본어나 중국어 원서를 펴놓고 읽는 백발의 노인들에게는 자부심이 느껴진다. 무슨 자격시험 공부를 하는 노신사도 있다. 지금 저 자격증을 따서 뭘 어쩌겠다는 건지라고 궁금해 하는 것은 예의 없는 참견이다. 책이 좋아서 도서관에 앉아 있는 건 아닌 사람들도 아주 많다. 실직한 중년의 남성들은 5대 일간지로 하루를 버틴다. 테이블 하나를 차지한 채 얼굴은 권태로움으로 가득하다. 그러나 무슨 상관인가. 등산은 취미 없고, 특별히 갈 곳 없는 사람이 시간 보내기에 도서관만한 장소가 없다.

나는 도서관에 갈 때 방울토마토나 삶은 달걀 같은 간단한 간식거리를 가져간다. 특별히 매점이나 근처에 만만한 식당도 없다. 도서관

휴게실은 취준생들이 대부분이다. 노량진 고시생들의 컵 밥 얘기를 들으며 참 안쓰럽다고 생각한 적이 있는데 도서관 취준생들의 점심 식사 풍경도 만만치 않다. 컵라면에 삼각 김밥이 주종을 이룬다. 어떤 젊은이는 흰밥에 달랑 김치만 해서 밥을 먹는다. 대한민국에서 향후 부모가 되어야 하는 젊은이들의 영양상태가 이 지경이 되어서야 원. 머리 부스스한 30대 저 남자는 밥 위에 무장아찌를 얹어 알루미늄 호일에 아무렇게나 싸왔다.

'너 설마 엄마랑 같이 사는 거 아니지? 그냥 네가 싸온 거지? 파이팅이다, 특히 너.'

도서관의 그들은 사실 행복해 보이지 않는다. 한없이 암울해 보이기까지 하다. 우리 사회의 분위기가 제일 큰 원인 중 하나일 것이다. 솔직히 말하면 사회가 미친 듯하다. 어디를 봐도 너무 극단적이다. 길거리에 붙어 있는 다이어트 전단지 문구는 '뼈만 빼고 다 빼드립니다.' 어머나. 무슨 소리인 줄은 알겠는데, '6개월 만에 토익 900점 보장.' 보장하기 어렵지 않겠니… 토익 900점이 무슨 애 이름도 아니고. 44사이즈를 입어야 하고, 그러면서 요즘 나오는 속옷 사이즈 중 A컵은 별로 없다. 대부분 B컵부터란다. 44사이즈에 B컵 이상이라니, 와우 우리나라는 슈퍼모델만 사는가 보다.

무리한 기준이 사회에 넘쳐난다. 그렇다고 실제 그런 사이즈를 입는 사람들도 많지 않고, 그 점수를 넘기는 사람도 흔하지 않다. 그런데 그 모든 것이 아주 대중적인 것처럼 여기는 분위기이다. 이 때문에 시작도 하기 전 패배자들부터 생겨난다. 이상한 이 기류를 어떻게 멈출 것인가. 실패를 해야 안목도 기르고, 뭐든 시도를 해야 스스로에게 잘 맞는 길을 찾아낼 수 있는데 무시무시한 기준이 미리 패배자를 만든다. 과연 누구를 위한 기준인가.

옆에 있는 애들이 아까부터 계속 거슬린다. 원고를 쓰느라 카페에 있는데 스물 두어 살이나 되었을까. 젊은 여자 둘이서 입에서 나오는 소리가 줄곧 욕이고, 술 얘기고, 남자 얘기다. 약에 쓰려 해도 말 같은 얘기가 없다. 이번에는 말하던 중에 개슬프단다. 개슬픈 건 대체 어떻게 슬프다는 거지? 아주 많이 슬프다는 건가? 그 다음 그녀들의 대화는 정말 '개슬프다.'

"내가 지금 간다면 연봉 1억? 우습겠지. 그런 남자야 못 만나겠어? 그래도 지금은 싫어. 어릴 때 가면 억울하잖아."

원고 때문에 에스프레소를 더블로 원 샷 하고도 멍하니 졸다가 잠이 확 깬다. 네가 연봉 1억이 아니고 신랑이? 그걸 당연히 기대한다고? 왜? 이 언니가 슬쩍 너를 위아래로 쭉 훑어도 그 이유를 모르겠다. 아직도 이런 애들이 있다니. 남자 절대 의존형 백설공주들. 백설공주는 예쁜 걸 무기삼아 인생 공짜로 묻어가자던데, 너는 대체 무기가 뭐냐?

내 아이가 아프고 다시 회복되는 과정을 거치며 나는 젊은 청년들에게 점점 더 자주 눈이 간다. 그들이 신경 쓰인다. 그리고 그들을 둘러싼 사회환경도 자꾸 거슬린다. 겉으로는 멀쩡해도 결코 멀쩡하지 않은 아이들이 많다는 사실을 잘 알기 때문이다. 더군다나 앞으로는 마음이 병드는 아이들이 이 사회에는 더 많이 생겨날 것이라는 현실적인 예상 때문에 그냥 손 놓고 있기에 마음이 편치 않다.

우물 안 개구리 마냥 인생의 전부가 회사인 시절이 있었다. 그러나 짧은 시간 많은 것을 겪은 나는 인생을 다시 배우고 있다. 그리고 재테크가 아닌 인생 테크에 관심을 기울인다. 노후 준비란 '돈'만을 의미하지 않는다. 나는 무엇을 하고 싶은가, 더 좋은 사회를 만드는 데 도움이 될 일이 무엇인가. 내가 나름대로 쓰일만한 귀한 일, 가치 있는 일을 찾고 싶다. 그렇지 않으면 너무 허허롭지 않은가. 중년의 삶이. 일상이 말이다.

내가 거기 있어 주변을 밝힐 수 있는 자리를 성실하게 준비하고 싶다. 뭐 좀 실수하면 어떤가. 아무것도 하지 않는 것보다는 훨씬 좋을 것이다. 기죽지 말고, 겁내지 말고 내 인생에 대해 확신을 갖고 싶다. 그래야 나다운 삶이다. 다시 배우는 인생의 길 위에서 젊은 그들의 수백 갈래 길 가운데 자신의 길을 찾는 데 보탬이 되고 싶다. 거기에 나의 자리를 준비하면 좋겠다고 생각한다. 그리고 그들이 마음을 건강하게 지킬 수 있도록 힘이 되고 싶다. 설렌다고 전부 바람직한 꿈은 아니라고 누군가 얘기하지만 나는 이런 내 계획에 몹시 설렌다. 도서관에서 또는 거리에서 전반전 채 시작하자마자 좌절한 그들에게 말해주고 싶다. 인생에서 실패가 없다는 것은 자랑이 아니라고 말이다. 오히려 실패가 인생에 없음을 불안해해야 한다. 때때로 실패해도 괜찮다. 언젠가는 그 실패가 그대의 성공을 위한 밑거름이었음을 깨달게 될 테니. 실패해 보지 않았다고 얘기하는 사람은 결국 승부를 걸어 보지 않은 사람이라는 뜻이라면 꽤 설득력 있을 거다.

그리고 지금 막막하다고 하소연하는 그들에게는 하루하루가 힘들다면 지금 뭔가 하고 있다는 증거라고 알려주겠다. 평지를 오래 걷는 인생은 없다는 것도 덧붙여서 말이다. 그들을 통해 다시 나의 인생수업을 시작하는 내가 벌써부터 기대된다. 🖎

행복도 전염된다. 기쁨도 또한 슬픔까지 그렇다.
어떤 인생을 살든 내가 포기할 수 없는 한 가지는
결국에는 해피엔딩이라는 주문이다.

결국은 해피엔딩이다

요즘 드라마는 대부분 해피엔딩이다. 모든 역경과 모험이 파노라마처럼 펼쳐지지만 결국 주인공이 모든 것을 이기고 행복해진다. 특히 요즘처럼 장기적인 불경기가 지속되는 때는 모든 내용이 더욱 좋게 끝난다. 드라마로라도 위로를 받아야 하는 데 그 이유가 있다. 그런 결말을 뻔히 알면서도 우리는 드라마를 보고 울고 웃는다.

역사극의 경우는 더 재미있다. 그는 왕으로 등극하고, 요절하지 않으며, 성군으로 이미 역사가 평가하고 있다. 그러나 혹시 잘생긴 세자가 칼에 맞아 죽는 건 아닌지 반역자들 때문에 폐위되는 건 아닌지, 위기를 거듭하는 주인공 때문에 손에 땀을 쥐며 스토리에 몰입하는 것도 드라마의 힘이다. 캔디 버전 중에 해피엔딩으로 끝나지 않은 청춘 로맨스 물을 보았는가. 예쁘고 착하면 인생 성공이라는 공식의 주인공 신데렐라, 백설공주도 해피엔딩의 가장 큰 수혜자들이다.

나의 지인 K여사. 그녀는 대한민국 외식업계에서는 내로라하는 한때의 성공 인물이다. 인생 역경을 수없이 겪고 60세가 넘은 현재, 그의 인생 중 가장 어려운 터널을 지나고 있다. 변두리 10평 식당에서 가정식 백반으로 시작해 직접 밥상을 머리에 이고 배달을 다니던 그녀였다. 이후 남다른 그녀의 음식솜씨를 알아본 고객들이 넘쳐나자 평수를 넓히고 변두리에서 시내 중심으로 매장 변신을 거듭하더니 드디어 강남에 100평짜리 24시간 해장국집을 개업했다.

솜씨가 어디 가겠는가. 여기서도 명성이 자자해 매스컴에 오르내리더니 살짝 다른 생각이 들더란다. 해장국집을 한다는 것이 나중에 애들 시집장가 보낼 때 걸림돌이 되지 않을까, 뭔가 좀 격식 있는 직업을 가지고 있어야 좀 더 그럴싸한 집안과 사돈을 맺을 수 있지 않을까. 결국 그 잘나가던 해장국집을 팔고 고급 퓨전 한정식당을 오픈하기에 이르렀다. 그러나 웬걸, 불경기를 탓하기에는 그녀 일생에 듣도 보도 못한 초라한 매출에다 인터넷에는 악평 일색이었다. 한동안 잘한다는 찬사만 듣던 그녀는 현실을 부정하고 우왕좌왕 형편없는 영업을 고집피우다 결국 빚더미에 올라앉았다.

"개폼 잡다 똥 되부렀지. 나가 안 혔냐. 송충이는 솔잎 먹고 살아야 쓴다고. 내 눈에 뭐시 씌었어야. 정신 채래 봉께 다 날아가 부렸어. 어쩌쓰까."

중요한 건 그 이후다. 몇 십 억을 단 2년 만에 날린 그녀는 한두 달 시골 친척집에서 말없이 고추만 따더니 다시 서울로 돌아왔다. 이번에는 설렁탕 집을 시작한다고 했다. 보약 같은 설렁탕. 중국과 일본에 수출할 수 있는 설렁탕이 콘셉트이다. 물론 자금은 없다. 그녀를 믿는 투자자에 기대어 맨손으로 다시 시작하는 그녀의 매장은 오피스가 뒷골목에 위치한 20평짜리 가게.

"당연지사 잘 되것재. 나가 하는 건디. 말해 머혀. 씨부리면 입만 아프재. 다 하나님이 나 잘되게 맹그느라 이래 일을 복잡케 하신다 잉. 끝에는 성공이라 안 혔냐. 그기 결론이다. 결론."

실패는 없어지는 게 아니다. 어쩌면 평생 그 결과를 지고 갈 수도 있다. 그러나 내가 오늘 어떻게 사느냐에 따라 그 의미 자체가 달라지기도 한다. K는 본인의 실패를 정면으로 인정했다. 본인의 신세를 한탄하지도, 다른 조건을 원망하지도 않았다. 그녀에게 중요한 건 옛날의 영화나 억울한 실패가 아니라 오늘 바로 이 시점인 듯했다. 20평짜리 매장에 단단히 발을 딛고 집중하는 그녀에게 가장 힘이 되는 건 입버릇처럼 그가 얘기하는 말 '결국에는 잘된다.'는 주문이다. 스스로를 향한 응원이기도 한 이 말은 마음 깊이 본인이 믿기 때문에 신비한 힘을 갖는 듯했다.

버거운 현실이, 또는 어깨를 내리 누르는 책임이 웬만큼 감당할 수만 있다면 꼭 나쁜 것만은 아니라는 생각이 든다. 백화점에서 근무하던 시절 함께 일하던 직원 하나가 얼굴이 백지장이 되어 마주 앉는다. 큰일 났단다. 전혀 인생에서 계획에 없던 일이 터졌단다.

"왜, 애기 생겼어?"

"어떻게 아셨어요?"

"네 얼굴에 쓰여 있네. 축하해."

축하한다는 말에 당장 울음이 터질 것 같은 표정으로 돌아서서 가는 모습에 큭큭 웃음이 터진다.

일하는 여자들은 출산과 육아 문제가 가장 큰 장벽이다. 아이를 하나만 낳기로 계획해도 인생은 계획대로 되지 않는다. 중요한 승진과 프로젝트를 코앞에 두고 예정에 없던 둘째가 생기는 일은 비일비재하다. 그 직원은 과장 진급을 해야 하는 시점이고, 불행히도 남편은 실직하여 그녀가 생계를 떠맡아야 하는 중차대한 인생 여정을 겪고 있었다.

다섯 살짜리 딸이 있는데 베이비시터가 불성실해 매일 가슴앓이를 하며 출근한다. 그 와중에 둘째가 생긴 것이다. 그 친구 말로는 하늘이 노래지고 가슴이 벌렁벌렁, 땅이 무너져 내린 기분이라고 했다. 결론부터 얘기하자면 그녀는 멋진 장군을 낳고, 남편은 다시 직장을 얻었고, 운 좋게 성실한 베이비시터를 다시 구했다. 단 하나, 과장 진급이 두 번 누락되어 인생 쓴맛을 제대로 봐야 했다.

또 다른 워킹 맘은 아들만 둘이다. 월급 반을 육아비로 뚝 떼놓더라도 좋아하는 일을 해야겠다는 것이 그녀의 인생지론이다. 철저히 공과 사 구분하는 그 친구 성격에 남편은 총알처럼 퇴근해 베이비시터와 바통 터치. 목욕시키랴, 숙제 봐주랴, 저녁 먹이랴 아이들이 잠든 밤 10시면 남편도 장렬히 전사한단다. 그 친구의 귀가 시간은 주로 세 남자가 잠든 이후이다. 어느 날 그녀가 하늘이 무너진 얼굴로 내 책상 앞에 선다. 날벼락을 맞았단다. 이젠 어쩜 좋냐고 한다.

"애기 생겼구나. 축하해."

"어떻게 아셨어요?"

"날벼락이라며?"

둘이 마주보고 울고 웃는다. 물론 우는 건 그 친구. 몇 개월 후 그녀는 세 번째 아들을 낳았다. 또 아들이라고 울었다. 팔자에 딸은 없는 거냐면서 말이다. 그녀는 그 좋아하는 일을 놓은 채 육아휴직을 들어갔다. 일 년이 지나고 복직을 결정해야 할 시점에 올망졸망 아들 셋을 맡아줄 베이비시터도 없고, 그렇다고 애기 봐 주는 분을 둘을 고용할 수도 없는 입장 때문에 어쩔 수 없이 직장을 그만두었다.

"산후 우울증이 너무 심했어요. 왜 이렇게 애를 많이 낳았나. 애들 때문에 내 인생 발목 잡혔구나. 남편은 꼴도 보기 싫고(죽여 버릴 뻔 한 순간도 여러 번이었단다.) 결혼하지 말 걸. 그냥 좋아하는 일만 하고 살 걸. 죽고 싶었어요."

그랬던 그녀가 아들 셋과 함께 전쟁터 같은 집에서 재기를 꿈꿨다. 디자이너 출신이던 그녀는 어느 시청에서 개최한 공모전에 입상함으로써 재택근무 가능한 직장을 얻은 것이다. 개구쟁이 2살, 5살, 7살 아들들이 눈앞에서 무슨 짓을 해도 눈썹하나 까닥하지 않고 컴퓨터를 부여안고 있었던 것은 결국에는 행복해지고 싶다는 간절함 때문이었다.

"어휴, 우리 막내 낳지 않았다면 어쩔 뻔 했는지 몰라요. 인생에서 가장 잘한 결정이에요."

계획에 없던 아이가 생겨 울고 불던 여자 후배들의 공통 멘트다.

우리는 연약한 인간이기에 매일 힘겹고 버겁다. 사업에 실패해서 전 재산을 날리고, 맨주먹으로 다시 일어서는 거창한 성공 스토리가 아니더라도 각자 나름 인생에서 가장 힘든 여정을 겪는다. 예정에 없던 아이를 낳고, 사업에 실패하고, 가족이 아프고, 목숨 같던 직장에서 해고당하고, 연인과 이별의 아픔을 겪는다. 그래도 인생을 한 줄로 쭈욱 늘어놓고 보면 결국 다시 좋은 날이 온다. 그래서 힘든 현실이 미래의 좋은 열매를 맺기 위한 전초전임을 믿으며 어쨌든 힘을 내어 견뎌 보는 것이다. 아플 때 스스로를 위로하자.

'울지 마라. 살다가 그럴 때도 있는 거지.'

행복도 전염된다. 기쁨도 또한 슬픔까지 그렇다. 어떤 인생을 살든 내가 포기할 수 없는 한 가지는 결국에는 해피엔딩이라는 주문이다. 끝이 보이지 않는 길을 가는 것 같은 막막함 속에서도, 눈앞에 거대한 벽 때문에 멈추어 설 수밖에 없는 순간에도, 결국 길은 찾게 될 것이고, 문은 열릴 거라는 믿음이 오늘도 나의 등을 떠민다. 🥬

땀 흘리며 더 오르다 보면 더 좋은 풍경이 기다리고 있다.
인생의 해발 고도도 마찬가지이다.
애쓰고 땀 흘려 오르다 보면 더 좋은 날들이 기다리고 있다.

가장 좋은 시절은
아직 시작되지 않았다

'그때가 제일 좋았어.'라고 말할 때가 있다. 사람마다 다르지만 제
일 좋았던 그때란 주로 젊은 날을 가리킨다. 푸르른 나무 같던 학창시
절, 첫사랑에 가슴 설레던 젊은 날, 결혼식을 막 마친 신혼의 그때, 정
말 원하던 대학이나 회사에 덜컥 붙었을 때의 감격. 인생의 묘미는 제
일 좋은 그때가 전체 인생을 놓고 보면 몇 번이고 바뀐다는 데 있다.

나는 언제 가장 좋았을까 생각해 보면 주로 내 아이들의 어린 시절에 몰려 있다. 아들을 낳은 날. 9월의 맑은 가을하늘과 햇살이 눈부신 날이었다. 딸 여섯인 집안 맏이로 태어난 나의 엄마는 시집와서 당신 역시 딸만 둘 낳고 딸 콤플렉스가 아주 심한 분이다. 그런 상황에서 내가 첫아들을 낳았으니 엄마는 은근히 딸을 기대하던 사위 손을 붙잡고 병원에서 덩실덩실 춤을 추셨다.

딸아이가 허약 체질로 항상 약봉지를 달고 있어 시작한 발레. 체력 키우자고 시작한 발레지만 이리저리 대회에 많이 출전했다. 작은 파랑새 같은 딸아이의 공연을 볼 때의 감격은 지금도 마음속에 퐁퐁 기쁨이 솟아난다. 정말 좋은 때였다.

대학 시절 설악산 대청봉을 두 번 올랐다. 언제나 빼놓지 않는 인생 자랑 중 한가지이다. 스무 살이었으니 가능한 일이지 지금이라면 어림도 없다. 대청봉은 해발고도 1709m이다. 어린 나이에 등산화도 신지 않고 청바지에 멋모르고 오른 설악산은 아름다웠다. 한참을 오르다 내려다 본 경치는 신선이 정말 살고 있을 것만 같은 신비한 모습이었다. 우리는 한 번씩 쉴 때마다 점점 달라지는 산세에 온갖 감탄사를 쏟아냈다. 최고였다. 오르면 오를수록 멋진 풍경이 우리를 기다리고 있었다.

'이제 내려가자. 올라가 봐야 별거 없다.' 힘들다고 징징대는 친구들을 구박하며 우리는 기어코 대청봉을 밟았다. 앞서 길을 인도하던 선배가 대청봉 몇 미터 앞에서 제일 먼저 가보라고 옆으로 비켜났다.

처음 오르는 산 정상을 밟게 해주려는 배려다. 그때의 감격이란 직접 보지 않고서는 말로 설명할 수 없다. 대피소에서 먹는 초코파이, 라면도 평생 못 잊을 추억이지만 무엇보다 설악산 정상에서 바라본 세상은 경이로움 그 자체였다.

인생도 산을 오르는 것과 비슷하다. 얼마간 오르다 보면 좋은 풍경을 본다. 사는 보람이다. 그러나 땀 흘리며 더 오르다 보면 더 좋은 풍경이 기다리고 있다. 해발 높은 곳은 절대 우리의 기대를 저버리지 않는다. 인생의 해발 고도 역시 마찬가지가 아닌가 싶다. 애쓰고 땀 흘려 오르다 보면 더 좋은 날들이 기다리고 있다.

예전에 백화점에 근무하면서 회사 차원의 다양한 봉사활동이 있었는데 그 중에 인연을 맺게 된 한 부모 가정의 애기 엄마가 있었다. 청소년기의 방황으로 어린 나이에 엄마가 되었는데, 아이 아빠와는 헤어지고 친정부모와도 의절한 상태였다. 그래도 아기는 포기할 수 없다는 당찬 의지 하나로 닥치는 대로 허드렛일을 하며 아이를 키웠다. 기특해하는 주변 어른들의 헌신적인 도움이 아니라면 어려운 일이었다. 스무 살이 갓 넘은 아이 엄마는 낮에는 햄버거 가게에서 밤이면 동대문시장에서 아르바이트를 했다. 아기는 위탁모가 키워주고 일주일에 한번 만난다.

"내년도 올해만 같았으면 좋겠어요. 작년보다 훨씬 좋아졌어요. 애기도 자주 볼 수 있고, 알바비도 조금씩 모을 수 있어요."

아직 부모에게 응석부릴 어린 아이가 애기를 낳은 셈이다. 그런 그녀가 하루 14시간씩 일하면서 내년도 올해 같았으면 좋겠다는 소망을 갖고 있었다. 그러던 그녀에게 또 다른 기회가 왔다. 나를 포함 그녀를 응원하는 아줌마 부대가 네일아트를 제안했고, 손재주가 많은 그녀는 우리의 기대에 부응한 것이다.

그녀는 몇 해 지나지 않아 싱가포르에서 열리는 국제 네일아트 전에서 수상하는 등 비범한 재주를 발휘하더니 이제는 어엿한 네일숍 주인이다. 그런 그녀가 오늘도 똑같은 얘기를 한다.

"내년도 올해만 같았으면 참 좋겠어요."

참으로 긍정의 화신이다. 그녀는 손끝이 갈라지고 부르트도록 일하는 현재에 감사하고 만족한다. 그런 마음이 매해 더 좋은 시절을 만들어내고 있는 것이다. 그녀의 이모 부대는 내년에 그녀에게 펼쳐질 더 좋은 날들을 기뻐하며 기대하고 있다.

그녀는 '감사'로 더 좋은 날을 개척한다. 그녀의 비법이다. 어린 나이에 너무 고생을 해서 그런지 그녀는 무엇에든 고맙다는 인사부터 한다. 그리고 이제는 받은 도움을 누구에게든 돌려주기에 마음이 급하다.

누구든 괴롭고 고통 속에 있던 그 세월에서 빠져나와 이제는 밝은 햇살 아래 있다면 모르는 누군가에게 빚진 것이다. 누구인지 모르니 또 모르는 사람들에게 갚아야 한다. 빚은 빨리 갚아야 마음 편하니 서둘러야 한다. 좋은 날들 중 어느 부분은 그 어린 엄마처럼 그렇게 모르는 사람들에게 바삐 빚 갚은 날들이다.

다이어트를 수많은 사람이 선언하지만 다들 성공하지는 않는다. 다이어트 하겠다면서 그냥 많이 먹는 사람, 안 먹는 사람, 불쌍한 표정으로 남 먹는 거 쳐다보는 사람이 있기 마련이다. 인생도 마찬가지다. 좋은 날들을 만들어 보겠다고 결심하는 사람은 많다. 그러나 모두가 좋은 날을 보는 건 아니다. 생각이 다르기 때문이다.

과거는 내가 어떻게 해석하느냐에 따라 바뀐다. 미래는 나의 습관들이 모여 그 결과에 따라 바뀐다. 현재는 지금 내가 어떻게 생각하고 행동하느냐에 따라 바뀐다. 어느 발표된 자료를 보니 행복을 결정하는 요소는 유전적 요인 50%라고 한다. 나머지 절반은 그 사람의 환경이 10%를 차지하고, 나머지 40%는 각자의 의도적인 활동이라고 분석했다. 절대적인 수치라고는 할 수 없으나 인생에서 좋은 날을 만드는 것도 거의 비슷하다. 내가 어떻게 해 볼 수 있는 것은 40%의 내 생각과 행동이다.

"조금 걱정이 되네요."

"뭐가요?

"제가 실수를 할까 봐요."

"탱고는 실수할 게 없어요. 인생과는 달리 단순하죠. 탱고는 정말 멋진 거예요. 만일 실수를 하면 스텝이 엉키고, 그게 바로 탱고죠. 한번 해봅시다."

— 영화 〈여인의 향기〉 중에서

예전에도 수많은 좋은 날들과 감사의 날들이었지만 나는 앞으로 내게 다가 올 더 좋은 나날들을 기대한다. 그동안 겪으며 아파했던 시련도 지나고 나서 생각해 보면 나를 성숙시킨 하느님의 선물이었음을 믿는다. 그렇기 때문에 이제는 더욱 겁 없이 나아갈 수 있다. 〈여인의 향기〉 알 파치노의 대사처럼 실수를 하면 좀 어떤가. 그게 바로 인생 아닌가. 스텝이 엉켜도 한번 해보는 거다. 거침없이 앞으로, 감사하며 즐겁게. 모르는 그들의 손을 잡아주며 내 인생 정상의 경이로운 풍경을 기대하자. 가장 좋은 시절은 아직 시작되지 않았다.

내게 넘치는 것이 상대방에겐 결핍되어 있고,
상대방에게 지나치게 풍부한 것이
내게는 가뭄처럼 말라 있는 것도 있다.

혼자 걷는 길, 함께 걷는 길

직장 선배들 이야기 중 유난히 공감되는 한 가지는 '월급쟁이가 월급 모아서 부자 되기 어렵다. 나중에 남는 건 사람뿐.' 이라는 명언이다. 함께 일하는 동료나 후배들은 가족 이상이다. 사실 가족들과 식사를 하는 경우보다 직원들과 머리 맞대고 밥 먹는 횟수가 훨씬 많다. 퇴직한 후 가장 아쉬운 일도 한 몸처럼 지내던 동료들이 하루아침에 사라진다는 점이다. 어쩌다 광화문이나 오피스 가를 걷게 되면 점심시간에 몰려나와 동료들과 함께 밥 먹고, 차를 마시는 직장인들의 모습을 바라보며 예전 동료들이 그리워진다. 때때로 미워하고 버거워할 때도 있었던 그들이 있었기에 좋았다고 나중에서야 생각한다.

누구에게나 그렇겠지만 나에게도 친형제나 다름없는 사람들이 있다. 선배든 후배든 그들은 최소 10년 이상 함께 동고동락 했으니 인생의 가장 중요한 순간들을 함께 했다고 할 수 있다. 함께 일하는 동안 결혼을 하고, 아이를 낳고, 집들이를 하고, 때로는 다치고 아프면서 그 모든 일에 서로 어떤 식으로든지 역할을 맡아 준다. 돌잔치에 가기도 하고 결혼식 사회를 보고, 장례식장과 병원도 들락거리며 소소한 일상들을 동료들과 겪는다. 함께한 세월을 대신할 수 있는 것은 없다.

지난번 모처럼 후배 직원들을 만났다. 내가 퇴직한 이후 하나 둘씩 회사를 그만두더니 새로운 모험을 시작한 용감한 형제들이다. K는 회사 다니면서도 자영업자 꿈을 어지간히 꾸다가 결국 브랜드를 하나 만들더니 장사를 시작했다. 그의 꿈은 재미있게 사는 거다. 일을 하든지 놀든지 재미없는 것은 의미가 없다는 인생관으로 꾸준히 유흥계를 접수하고 있다.

L은 회사에 있을 때부터 겁이 많았다. 한번은 출장 스케줄을 펑크 내고 공항에 나오지 않더니 그대로 잠수 탄 적이 있다. 당연히 사고 난 줄 알고 회사는 발칵 뒤집혔는데 정작 본인은 술 마시고 늦잠자서 스케줄을 못 맞추니 무서워서 연락두절 상태. 종신형에 처했다!

P는 융통성이라고는 약에 쓸 것도 없는 직원. 한번은 행사가 있어 늦게 업무를 마쳤다. 택시 타고 가라고 3만원을 주니 다음날 아침 택

시비를 뺀 잔돈 1만 2천 5백 원을 봉투에 넣어 얌전히 내민다. 그 친구의 천성이 원래 그렇다.

한 회사인데 일하면서도 우리는 모두 제각각이다. 그러니 한솥밥을 먹으며 얼마나 일이 많겠는가? 서로 다른 모양의 사람들이 뾰족한 곳을 서로 부딪치며 반질반질 부드러워지는 것도 직장에서는 가능하다. 또 그 안에서 '사람'을 얻기도 하고 잃기도 한다.

사람을 얻는 데는 도공이 그릇을 빚듯 공을 들여야 하니 어렵기도 하고 시간이 많이 걸린다. 그러나 그 사람을 잃는 데는 그 그릇이 깨질 때만큼이나 한순간이다. 사람들 간의 관계가 예외 없이 난해하기 때문이다. 그래서 때때로 세상과 거리두기가 필요할 때도 있다. 남의 말에 상처받기 싫어서 고슴도치처럼 남 옆에 가지 않는 사람도 있다. 그러나 정말 제대로 된 말은 상대방에게 상처주지 않는다.

회사 시절 까칠하기로 그룹을 통틀어 세 손가락 안에 꼽히는 선배가 있었다. 천성이 예민하고 다혈질이지만 업무능력은 매우 뛰어난 사람이었다. 보통 그런 캐릭터는 건드리지 않는다. 일 잘하고 성질 별로인 사람 건드려 봐야 손해라는 인식 때문이다. 승승장구하다 보니 그 사람의 말이 곧 법이라고 할 만큼 모든 일에 무사통과였다. 그러던 그가 예상치 못한 퇴사를 하게 되었다.

건강상의 문제까지 있는지라 2년 공백기를 거쳐 조그만 회사를 차렸는데 이때부터 열 받기 시작한다. 몸담았던 회사에 도움 받을 일이 있어 연락을 하니 일단 담당 임원은 전화도 안 받는다. 그 아래의 아래 직급 과장이 겨우 전화를 받았단다. 까마득한 후배에게 '님'자까지 붙여가며 용건을 부탁하니 퉁명스레 온갖 서류를 요구했다나.

내 선배는 아직 회사 다니는 그의 후배를 묘사하는 데 피라미새끼로부터 시작한 온갖 잡 벌레들을 총동원했다. 선배의 울화는 '어떻게 선배한테 감히'에서 출발해서 퉁명스런 그 회사 과장의 '원칙대로 요구 했을 뿐' 때문에 마무리되었다.

한 지붕 아래 있다면 마음을 다해 도와주고 협력할 일이 한 지붕을 벗어난 선배에게는 예외인 것도 직장생활의 씁쓸한 단면이다. 누구든 '씁쓸하구먼.'을 가슴 쓰리게 중얼대 보고 나서야 그 고독감을 엄청난 에너지로 바꿀 수 있다. 그리고 혼자 가는 길에 신발 끈을 다시 동여맬 의지가 생긴다. 그렇다고 해서 혼자 가는 길이 영원히 지속되지는 않는다. 우리는 어떻게 해서든 함께 가는 길을 바라보고 또 끊임없이 선택한다. 함께 가기 위해 함께 할 사람이 필요함을 절감하기도 한다.

스무 살 청년이 내게 물었지.

인생에서 가장 중요한 게 뭔가요?

빙그레 웃으며 나는 주름투성이 손가락으로 가리켰지 청년의 비어 있는 오른쪽과 왼쪽을.

'자네의 곁을 지켜줄 사람이 곧 자네의 인생이라네.'

삶이란 늘 한사람을 떠나서 또 다른 한사람에게 도착하는 여행이지. 오랜 항해가 끝나갈 무렵 문득 뒤돌아보면 알게 된다네.

예전에는 미처 몰랐던, 결코 보이지 않았던,

내 곁에 있는 사람의 손을 잡기 위해 그토록 수많은 배웅과 마중을 지나왔다는 것을.

― 칼 필레머Karl Pillemer의 《이 모든 걸 처음부터 알았더라면》30 Lessons for Living: Tried and True Advice from the Wisest Americans 중에서

사람은 원래 여러 면에 있어 부족하기도 하고 넘치기도 한다. 재능이 넘친다고 해서 남을 향한 배려도 넘치는 건 아니다. 내게 넘치는 것이 상대방에겐 결핍되어 있고, 상대방에게 지나치게 풍부한 것이 내게는 가뭄처럼 말라 있는 것도 있다. 사람이라고 누구나 일인분의 인생이면 무슨 문제가 있겠는가? 그러나 현실은 사람의 그릇에 따라 1.3인분도 있고 0.7인분도 있다. 제대로 된 1.0인분의 사람도 있다. 그래서 '함께'가 중요하다. 내게 없는 것이 네게 있으니 말이다. 서로서로 사이좋게 섞이면 결국엔 모자라는 사람도 넉넉히 일인분의 사람이 될 수 있지 않은가. 함께 라는 것이 가장 소중하다는 사실을 알게되면 인생이 풍성해진다. 그래서 함께 가는 길은 혼자 가는 길보다 더 수월하다. 🐌

고개를 들어 지금보다 훨씬 먼 그곳을 바라보는
연습을 해야 한다.
그래야 주저앉아 영영 일어서지 못하는 비극을 피할 수 있다.

멀리 보기 연습

샤워를 하다 보니 목 아래쪽이 가렵고 붉은 반점이 생겨서 피부과에 갔다. 의사는 운동을 많이 했냐고 묻는다. '그럴 리가. 운동 싫어하는 내가 반점이 생길 정도로? 과찬이십니다.' 아무튼 별거 아니란다. 처방은 바르는 연고 하나. 사실 미리 걱정되던 이야기를 은밀한 목소리로 건넸다.

"선생님, 혹시 화병 아닐까요?"

처방전을 내던 의사가 단호하게 한마디 한다.

"아닙니다."

의사가 내 상황을 몰라서 그렇지 이건 화증이다. 로컬병원의 예리하지 못한 진료행태를 비난하며 처방된 연고를 발랐더니 두 번 만에 흔적도 없이 나았다. 화병은 아니었나 보다. 쉽지 않았던 몇 년간의 시련을 겪으며 나대로 참 많이 수양된듯하지만 천성이 바뀌기는 어렵다. 다혈질에 성마른 성격. 이 상황을 참고 견뎌나가기 숨이 턱 막힐 적이 많다. 그럴 때마다 한의학에서 얘기하는 '화병'이다 싶다.

나의 터널에서 빠져 나오기는 생각보다 쉽지 않았다. 직장도 내려놓았는데, 아들은 계속 아프고, 딸애까지 신경성 위염으로 수개월째 병원을 학교보다 더 자주 들락거리고 있다. 이런 상황을 내가 언제까지 견뎌낼 수 있으려나 싶다. 길을 가다가도 목울대가 아파오고 갑자기 소리소리 지르고 싶은 충동에 사로잡히기도 했다. 남들에게 들리지는 않겠지만 길길이 내 안으로 혼자 소리치고 있는 나를 본다. 그럴 때마다 알 수 없는 공포감에 휩싸이곤 했다. 이렇게 미쳐가는구나. 이러다 완전 내가 망가지겠구나. 뭔가 탈출구가 필요했다.

예전에 인생 두 가지 갈림길을 두고 주인공이 '그래 결심했어.'라고 외친 후 이 두 길의 결론을 보여주는 TV 프로그램이 있었다. 예를 들어 범죄 한탕으로 일확천금의 유혹을 제안받자 주인공은 첫째는 유혹에 넘어가는 것, 둘째는 유혹을 이기는 것 두 가지 경우를 다 살아내는 것을 보여준다. 결과는 물론 권선징악이다. 유혹에 넘어가 많은 돈을 가지게 된 주인공이 끝내 망가지는 인생, 또 하나는 가난하지만 성실하게 살아 행복해지는 인생이다.

나는 가만있어도 소리 지르고 있는 내 내면의 목소리를 들었다. 괴롭다, 못살겠다, 힘들다고 바락바락 가슴팍을 쥐어뜯는 나를 어떻게 하든 탈출시켜야 했다. 지금 이 상황에서 내가 결심할 수 있는 길은 대체 뭘까.

어차피 이 괴로운 시절을 견뎌내는 두 가지 방법 중 하나는 당장 눈앞에 나의 괴로움에 사정없이 나를 굴리는 것이다. 원망하고, 걱정하고, 지나온 세월을 후회하고, 나보다 하등 나을 것 없으면서 잘만 살고 있는 타인들을 바라보며 더욱 큰 시름에 빠지는 것이다.

다른 하나는 긴 인생 여정에서 지금 이 순간은 아주 짧은 찰나에 불과하다고 나를 다독이는 방법이다. 비록 지금은 힘들지만 이 순간도 곧 지나가리라. 나중에는 웃으며 이 시절을 이야기할 만큼 모든 것이 다시 회복되리라고 나 스스로를 격려하는 거다. 인생은 멀리 바라보아야 한다. 그것도 훈련과 노력 없이는 쉬운 일이 아니다.

낚시할 때 가장 필요한 것이 무엇일까. 기술도 아니요, 값비싼 낚시 도구도 아니다. 바로 인내심이라고 한다. 나야 낚시에 관심도 없고 아는 바도 없지만 듣자마자 무릎을 탁 칠만큼 공감되는 말이다. 아들과 지리산 근처로 여행 갔을 때다. 아들은 원래 낚시를 좋아해 섬진강가에 낚싯대를 드리웠다. 10분이나 지났을까. 피라미치고 꽤 큰 물고기가 파닥거리며 아들의 낚싯바늘에 모습을 드러냈다. 나는 월척이나 낚은 듯 환호성으로 응원하고 아들도 싱글벙글 한다. 그러나 웬걸 이후 6시간 동안 단 한 마리도 못 잡았다. 낚싯대를 걷으며 아들이 중얼거린다.

"내일은 저쪽으로 장소를 바꿔 봐야겠어."

비록 본인의 좋아하는 일이기 때문이기도 하지만 간단한 낚시조차 느긋하게 생각하고 멀리 보는 법이 필요하구나. 아들은 이미 알고 있었던 모양이다.

철학자 김형석 박사의 《백년을 살아 보니》를 읽으면 재혼하지 않는 후회를 간간히 엿볼 수 있다. 그분 연세가 98세인데 부인과 사별한 지는 20년이 넘는다. 다시 인연을 만들지 않은 이유는 얼마나 더 남은 날이 있겠냐는 생각에서였다고 한다. 백세 가까이 장수할 줄 당신도 모르셨던 게다.

그런가 하면 반대의 경우도 있다. 어느 다큐멘터리 프로그램에 촌부가 등장한다. 그녀는 오지에서 생활하기 불편하다는 이유로 환갑이 지나 운전면허증을 땄다. 수도 없는 불합격 뒤 얻어낸 쾌거였음은 당연하다. 그런 그녀가 지금은 팔순에 가깝다. 아직도 직접 운전을 하며 즐겁게 산다. 자가운전의 편리함과 자유로움을 20년 가까이 이미 누린 것이다.

나이에 관계없이 행복하려면 멀리 보는 법을 훈련해야 한다. 또한 원하는 것을 이루려면 결과만큼이나 그 과정이 즐겁고 그 안에서 행복해야 한다. 지금을 즐겨야 하는 것이다. 소소한 일상에 설레는 것은 그만큼 그 여정을 즐기고 있다는 증거다. 한바탕 즐겁게 놀아 보자고 내 인생에게 프로포즈해야 한다. 더 중요한 것은 가슴 설레게 할 나의 꿈과 플랜을 멀리 보고 세우는 것이다.

예전 직장생활을 하던 시절 선배 중에 억울하게 퇴사한 사람이 있다. 묻지 마 식으로 거래업체에서 투서를 했는데 그것을 해명하는 과정을 견뎌내지 못했기 때문이다. 상품력이 떨어진다는 이유로 선배가 거래를 종료시키자 업체에서 앙심을 품었던 거다. 요즘 말하는 금수저의 샘플이었던 선배의 고난은 그때부터 시작이었다. 더러워서 못 해먹겠다고 회사를 뛰쳐나가더니 하는 사업마다 말아먹었다. 나중에는 귀농을 했는데 그 농사조차 얌전히 망쳐서 부모님 댁에 얹히는 신세가 되었다. 사업을 망칠 때마다 초조해서 성급히 다른 사업에 손을 대다 실패, 악순환이 거듭되었다.

"당장 뭔가 보이지 않으면 불안해서 참을 수 있어야지. 이젠 마음 비우고 느긋하게 생각 해야겠어"

그는 마치 도 닦는 사람처럼 얘기하더니 10평짜리 드럼통 갈매기집을 소박하게 시작했다. 목표는 10년 뒤에 떳떳한 가장, 아버지로 기억되는 것이다. 남의 눈초리에 뒤통수가 따갑고 초조해서 어쩔 줄 모르던 그가 지금 당장 말고 10년 후를 바라보는 것으로 마음을 바꾸니 일이 풀리기 시작했단다. 서민들의 애환을 닮은 갈매기집은 3년 만에 2개로 늘었다. 장사가 잘 되냐고? 선배는 매일 불경기라고 죽는 소리지만 얼굴색이 점점 좋아지는 걸 보면 먹고 살만한가 보다.

인생을 살면서 코너에 몰렸다고 느껴지는 때가 있다. 더 이상 뒤로 물러설 데가 없을 때 나에게 남은 선택은 무엇일까. 아직 기회는 있는 걸까. 내가 지금도 가지고 있는 건 무엇일까. 그때 바로 고개를 들어 지금보다 훨씬 먼 그곳을 바라보는 연습을 해야 한다. 그래야 주저앉아 영영 일어서지 못하는 비극을 피할 수 있다. 밤이 캄캄하게 어두운 것은 별들이 더 반짝이기 위해서이다.

인생이라는 계단을 하나하나 밟아 올라갈 때 중간에 포기하지 않는 법은 그 다음 밟을 계단이 아니라 내가 올라서야 할 그곳을 바라보는 것이다. 삶에 대한 생동감, 무한한 열정으로 살고 싶다. 그래서 울퉁불퉁한 인생길을 씩씩하게 오늘도 한 계단씩 밟는다. 지금 당장은 힘들지라도 멀리 바라보면 그곳에 바로 내가 간절히 이루고 싶은 소원이 있기 때문이다.

마흔아홉,
이제 시간은 내 편이다

지인을 만나거나, 동창회라도 가면 나이에 따라 주제가 판이하게 달라진다. 20대야 결혼, 연애가 주요 관심사고, 30대에는 아파트 평수에다 각자의 회사 승진에 목숨 건다. 40대는 아이들 명문대 입학에 희비가 엇갈린다. 마흔아홉이 되니 폐경과 노화방지 비법이 화제로 급부상한다. 동창들도 하나 둘씩 퇴직해서 커피숍을 하겠다거나 무슨 무슨 자격증을 따 제2의 인생을 시작해 볼까 하는 의견이 제법 나온다. 재미있는 것은 나이 50부터는 대충 다 비슷해지고 있다는 거다.

명문대를 나온 친구나 지방대학을 가까스로 졸업한 친구나 어차피 명예퇴직이다 창업이다 하는 판에 크게 상황이 다르지 않다. 이름만으로 프라이드 넘치는 강남 아파트나 동네 이름이 후지다고 이사 가기 망설여지는 변두리 아파트나 별 관심의 차이도 이제는 없다. 학교 때 캠퍼스 퀸이면 뭐하나. 오리지널 천연산도, 막 뜯어고친 애도 이제부터는 각자 병病자랑 시작이다. 그래서 나이를 먹는다는 건 점점 공평해져가는 세월을 덤으로 누릴 수 있는 때임을 의미한다.

언젠가부터 패션 트렌드가 사오십 대 엄마들이 딸아이 옷장을 뒤

> 가볍게 쿨 하게 나이 듦을 인정해야지. 이쯤 되면
> 젊음이 딱히 부럽지도 않다. 나도 그 시절이 있어 봤으니.
> 지금도 내년의 나보다는 꽤 젊지 않은가.

져 입는 것이란다. 체형과 관계없이 무조건 어려 보이게 입는 것이 트렌드가 되었다. 오십 된 엄마들이 생머리를 길게 기르고, 그때그때 유행한다는 꽃 프린트 원피스나 미니스커트에 레깅스를 장착하는 걸 보면 완전 개그 수준이다.

예전에 〈밀회〉라는 드라마가 있었다. 스무 살 넘는 나이차에도 불구하고 김희애와 유아인의 파격적인 로맨스였다. 드라마가 끝날 때까지 온통 난리가 났다. 드라마를 놓친 나는 그 드라마 하이라이트만 인터넷에서 뒤졌다. 김희애는 67년생이라면서 44사이즈라니 한줌밖에 안 될 허리가 너무 비현실적이다. 온 나라 아줌마들로부터 넓은 등짝만 봐도 김희애가 부럽다는 찬사를 받는 유아인은 그저 귀엽다. 그들의 명품 연기는 최고다. 그러나 유아인이 아무리 봐도 아들 같은 느낌인데 어찌 감정이입이 되겠나. 그래도 다른 사람에겐 '유아인 아들 같지 않아? 저 둘이 어딜 봐서 연인처럼 보이냐?'라고는 말하지 않았다. 넌 마음조차 갱년기구나라는 핀잔을 듣게 될까 봐.

나이가 들면서 반항이라도 하듯 세월을 거스르려는 노력은 다소

추하다. 마치 이미 마음이 떠난 연인을 울며불며 바짓가랑이 붙잡고 늘어지는 형국이 아닌가. 가볍게 쿨 하게 나이 듦을 인정해야지. 이쯤 되면 젊음이 딱히 부럽지도 않다. 나도 그 시절이 있어 봤으니. 지금도 내년의 나보다는 꽤 젊지 않은가. 그것만으로도 충분히 신나는 일이다.

나이가 들면서 좋은 점도 꽤 있다. 모든 사람을 좋아하지 않아도 될 나이가 되는 것이 기쁘다. 무조건 권위에 굴복하지 않아도 될 때가 된 것은 더욱 마음에 든다. 이 나이가 되었으니 무언가로부터 자유로워지기도 하지만 또 다른 의무를 안게 되기도 한다. 이제는 치밀하고 합리적이라야 한다. 감에 의존하는 거 좋아하다가는 실패는 물론 망신당하기 십상이다. 변명이 더 이상 통하지 않는 나이가 된 것이다.

아프리카 어느 마을의 이야기이다. 이 마을의 재판은 부족민들이 다 참석해야 한다. 잘못을 저지른 범인을 가운데 두고 주민들이 돌아가며 벌을 준다. 그 벌이란 범인이 얼마나 괜찮은 사람인지 한 번씩 안아주며 칭찬하는 것이다.

"지난번 무거운 짐을 들어줘서 고마웠어."

"사냥한 고기를 나눠줘서 맛있게 먹었어."

"아플 때 위로해 주는 너는 참 착한 사람이야."

이웃사람들에게 일일이 이런 벌을 받으면 그의 재판은 끝난다.

정말 본질에 충실한 재판이 아프리카 오지에서 현명하게 행해지고 있지 않은가? 우리는 모르는 사이에 습관처럼 누군가를 끊임없이 비난한다. 내가 여유가 없으면 남에게도 더 강퍅해진다. 잘못을 비난한다고 해서 그 잘못한 사람이 달라지지 않는다. 그러나 상처를 안아주고 격려해지면 달라진다. 이것도 나이가 들며 저절로 알게 된 노하우이다.

최근에 달라진 나를 내 스스로도 느낀다. 나를 가볍게 대접하는 사람도 정중하게, 쓸데없이 흥분하고 화내는 사람에게도 여유 있게, 악착같이 본인의 이익을 챙기려는 사람에게 웃으며 한발 물러서 주는 여유가 생겼다. 삼년 가까이 모진 광야를 걷듯 인생사 풍파를 거친 탓인지 그저 나이 오십 가까이 되서 그런지 정확히는 모르겠지만 '여유'가 모르는 사이 스르륵 내게 들어왔다.

그렇다고 공중 부양하게 생겼다는 뜻은 결코 아니다. 단지 마음이 시끄러우면 '아, 시끄럽구나.'하고 알아차린다는 의미다. 내 마음이 아직도 시끄러운 것은 내 안에서 끊임없이 부딪치는 알갱이 때문이리라. 곱게 가루가 되면 소리가 나지 않는다. 용각산처럼. 아직 괴로운 건 내 안에 부서져야 할 것들이 남아 있기 때문이다.

나이가 들면 내공이 생기는 분야가 있는데 그중 대표적인 아이템이 바로 '듣는 힘'이다. 이를 두고 위대한 능력이라고 누군가 말했다. 직장생활을 하면 흔히 보는 장면이 윗사람이 일방적으로 지시하는 회의, 혼자 떠드는 회식이다. 이런 일방통행식 커뮤니케이션 사례는 이박삼일 얘기해도 부족할 만큼 많다.

　허심탄회하게 얘기하자로 시작한 W팀장. 회의 시간의 절반을 혼자서 일방통행이다. 그럼 그렇지 포기한 채 팀원들은 팀장 얘기를 요약 정리하고 있다. 회사에서 흔히 볼 수 있는 풍경이다. '오늘은 당신 얘기를 듣고 싶어서 불렀어.' 라며 의자를 바짝 당겨 앉는 R이사. 그 역시 상대 부하 직원이 한마디 하기가 무섭게 따발총처럼 본인 얘기를 끝도 없이 펼친다. 모두들 듣는 힘, 근육을 키우지 못한 탓이리라.

　듣지 않고 일방적으로 내뿜는 것도 문제지만 귀에 듣기 좋은 소리만 가려듣는 것도 난감하기는 마찬가지다. 한번은 모시던 임원과 해외로 출장을 가는 길이었다. 입바른 소리 잘하고, 강직한 성품으로 유명한 그는 그룹에서 인정받고 본인의 지위가 안정되자 점점 다른 사람으로 변해가는 듯했다. 진심으로 그분을 존경하는 마음으로 최근 주변의 우려를 조심스레 전하자 그분은 불편한 듯 찡그린 채 한 마디한다.

　"고마 해라. 나도 늙으니 귀에 단소리가 좋다. 무슨 영화를 보겠다고, 피곤하다."

얼마 후 그분은 더 이상 피곤하지 않게 본인 의사와 관계없이 퇴직하게 됐다. 그 후에라도 귀에 단소리만 듣는 것이 얼마나 무서운 일인지 그분은 깨달았을까?

말을 하다 보니 나이 든 사람, 윗사람은 모조리 듣는 귀가 닫히거나 고장 났다는 비난일색이 되어 버렸다. 아차, 같이 일하던 내 부하 직원들은 내가 이야기한 것보다 더 생생하고 풍성한 사례가 있으려나. 확신이 안 선다. 암튼 듣는 힘의 위대함이 새삼스러운 때이다.

'죽을 때까지 이대로 살고 싶다. 다시 태어나도 똑같은 삶을 한 번 더 살고 싶다.' 그런 생각을 하는 사람이 세상에 몇 명이나 있을까. 과연 있기는 할까. 세계에서 가장 아름답고, 노후에는 아프리카 봉사로 더욱 아름다운 생을 산 오드리 햅번 정도면 그렇게 얘기할 수도 있겠다. 하기야 남이 그렇게 생각할 뿐 오드리 햅번 본인은 또 어찌 생각할지 모를 일이다. 인생은 원래 후회와 아쉬움으로 범벅되기 마련이다. 그러나 시간은 그 모든 것을 겪어낸 사람 편에 선다. 그리고 되돌아보게 한다.

내 인생에 목표가 무엇이었을까. 내 삶을 끌고 온 원칙은 있었나. 과연 나는 내 삶을 잘 살아 내고 있는 걸까. 행복하고 충만한 인생을 위해서 어떤 노력을 해야 하는 것일까. 이제 나와 마주한 채 이런 질문을 챙길 여유가 생겼다. 나이와 함께 만만치 않던 풍랑의 세월이 주는 선물이다. 나도 모르게 움츠렸던 어깨를 한번 쫙 펴고 주위를 여유 있게 한번 바라본다. 지금부터는 내가 내게 던지는 질문을 곱씹으며 조금 천천히 가도 된다. 시간은 이제 내 편임을 알기에. 🍃

성공이
전부인 줄 알았다

초판 1쇄 인쇄   2017년 9월 25일
초판 2쇄 발행   2017년 11월 20일

지은이 유세미
펴낸이 이기동
편집주간 권기숙
마케팅 유민호 이정호 김철민
주소 서울특별시 성동구 아차산로 7길 15-1 효정빌딩 4층
이메일 previewbooks@naver.com
블로그 http://blog.naver.com/previewbooks

전화 02)3409-4210
팩스 02)3409-4201
등록번호 제206-93-29887호

교열 이민정
편집디자인 디자인86
인쇄 상지사 P&B

ISBN 978-89-97201-36-5 03190